太平南路 305 号的变迁

——从安乐酒店到江苏饭店

朱银生　嵇冲　主编

南京大学出版社

编委会

目录

国民大会堂

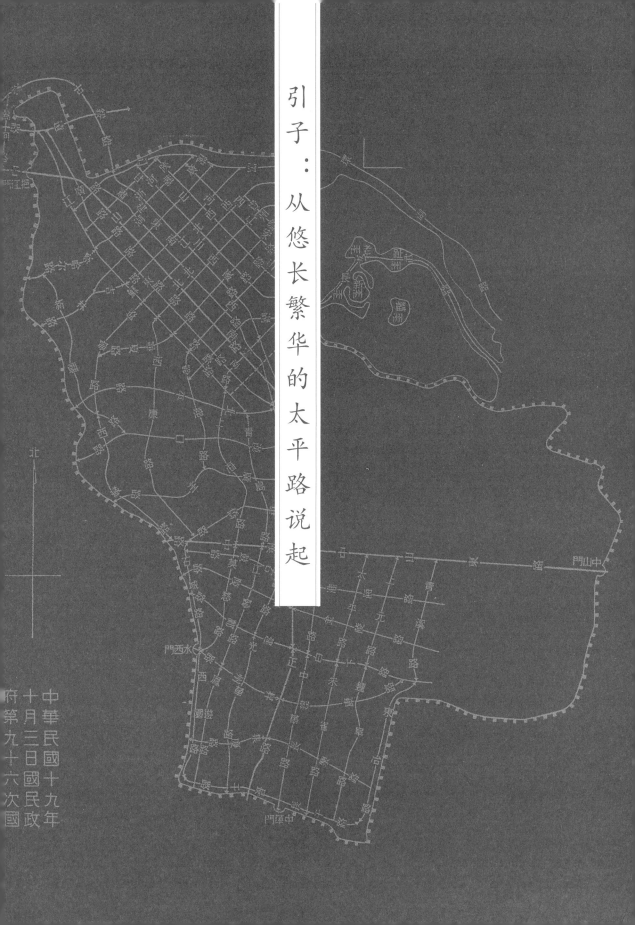

引子：从悠长繁华的太平路说起

中华民國十九年
十月三日國民政
府第九十六次國

引子：从悠长繁华的太平路说起

因为写作的关系，常常梦回安乐酒店，它就像一件消逝的古董，始终萦绕在我的心田，从未间断我的念想。作为南京国民政府成立后较早出现的一幢蛮有味道的建筑，更是先于皇皇大观的《首都计划》出台之前，故应在南京民国建筑中占有一席之地。惜乎，翻遍相关书籍，难寻它优雅的容颜。究竟是出自哪位建筑师之手？为何无载？

世间万物皆有兴衰，安乐酒店也不例外，曾经鼎盛一时，但还是挨不过岁月的无情，一不小心，转身已成废墟，最终连一丝痕迹也无。留下少有的图影，实难还原当年的华

安乐酒店外景

丽和风采。

安乐酒店已沉醉在历史中，一醺不起，再也找不回来……当我们不时想起，也只能一声叹息。

民国南京，有太多的菜馆，马祥兴、永和园、绿柳居、江苏酒家、中央饭店、首都饭店、老正兴、大三元、老广东、曲园、六华春、福昌饭店，等等，不一而足。这些横跨时代的民国饭店，总能勾起人们不可言说的情怀。即使不谈吃，只回味逝去的风花雪月，凭空也能生出几许沧桑，因为在它曾经的"身躯"里，隐藏着当年最时髦的元素和情愫，"叫我怎能不想她？"那么，它们究竟经历了怎样的变迁？由此，我们将开始一次穿越时空的寻觅……

囿于主题关系，我们只谈安乐酒店，偶尔兼及其他。而言这座酒店，又需从繁华的太平路说起。若要谈论这一条遐迩闻名的大道，还得自国民政府定都南京后的《首都计划》开始。

《首都计划》书影

1927 年国民政府定都南京后，南京的政治地位得到空前提升。首都整体形象关乎国民的信任和国家发展，在特定政治区域要呈现出雄伟壮丽的空间组织方式，一方面树立国家威权，另一方面唤起国民的情感认同。因此，从国家建制考虑，首都建设实为头等大事，政府高层对此充满期待。

1928年2月1日，首都建设委员会成立，下设"国都设计技术专员办事处"，着手国都规划的谋篇布局。聘请美国建筑师墨菲和工程师古力治共主其事，吕彦直等国内专家协力相助，于1929年12月出台了《首都计划》。其设计思想是以"欧美科学之原则"、"吾国美术之优点"作为指导方针，强调城市建筑形象"以采用中国固有之形式为最宜"，宏观上采纳欧美规划模式，微观上则撷取中式传统，冀图增强对传统文化的自信和国家认同。

《首都计划》内容极为丰富，达28项之多。规划的国都界线全长117.2公里，南起牛首山，北至常家营，西至和尚路，东至青龙山，面积达855平方公里。远期人口规模预测至百年后，远期南京城市人口为200万人，以六年为近期期限。

它将南京的城市建设纳入规划之中，其布局以新街口环形交通广场为市区中心，以中山大道为城市轴线。按照现代都市的标准，采取了不同功能的分区：中央政治区在中山门外紫金山南麓；市级行政区在傅厚岗一带；工业区在长江两岸及下关港口；商业区位于主干道两侧和明故宫、新街口一带；文教区在鼓楼、五台山一带；新住宅区分为三个等级，除旧城区外在城北另设高级别墅区，位于山西路一带。除在市中心设新街口公园，还计划以林荫大道联系全城公园，使之浑然一体。整个计划多有突破和提升，并留有很大余地，实为新型城市的重要实践和成功案例。但囿于诸多原因，计划最终并未完全照

搬和实现。

随后，首都建设全方位展开，形成了以中山大道为代表的林荫大道、相应的功能分区和众多风格各异的近代建筑，南京现代都市风貌一举奠定。

首都干路定名图

中山大道，又名迎榇大道，是为迎接孙中山灵榇奉安中山陵而建，包括中山北路、中山路和中山东路三段，北起下关，东出中山门与陵园大道衔接，全长12公里，是南京首条柏油马路。它是一条由快慢车道、游憩岛（又称安全岛、分隔带）和人行道构成的主干道，沿途还有行道树——悬铃木（俗称法国梧桐），夹道成荫，成为南京一道独具魅力的风景线。

1925年3月12日，孙中山在北平逝世，灵柩暂厝北京香山碧云寺。治丧活动一结束，国民党中央即筹备安葬事宜，包括中山陵设计方案、迎榇及安葬等一系列大事。作为永

修建中的中山大道旧影

已竣工的中山大道旧影

久性纪念，迎榇大道及配套工程均冠以"中山"之名，它是民国时期首都道路建设的标志性工程，也是《首都计划》中城市规划的重要界址和参照。

1928 年 8 月 12 日，中山大道破土动工，整个一期工程赶在 1929 年 6 月 1 日孙中山奉安大典前完工。之后又进行多次改造修建，一条宽达 40 米的大道最终成型。

继中山大道建成之后，又相继修筑了近百条道路。到 1935 年，南京城市道路已有较大改观：1928 年筑燕子矶马路；1929 年筑黄浦路、中山门马路、环湖路、中山路、朱雀路、中正路（今中山南路）；1930 年筑太平门路、热河路；1931 年筑上元路、山西路、白下路、太平路、玄武湖路；1932 年筑汉中路、中华路、雨花路；1933 年筑考院路；1934 年筑江边马路、国府东箭道马路、云南路、建康路、中央路（子午路）。至 1937 年初，经过 10 年建设，南京城内竣工的道路总长达 120 公里，一举奠定了交通网络的基本框架。

悠长的太平路是今日太平南路的一段，北起中山东路大行宫，南至白下路路口，与朱雀路相接，是民国时期南京的一条繁华之路，路两侧门牌号码合计共 450 号。有着数百家商铺，鳞次栉比，往来者接踵，是不一样的存在，堪称那一时代兴盛的标志。

作为民国首屈一指的商务街，如今的太平路尚留下一些老楼，几许故事。因为时代变迁，又历起伏跌宕，这些建筑已变得十分

中山大道

旧时江苏饭店

内敛, 注视着往来人群, 交错中沉默不语。但是, 它们的每一道砖缝, 似乎都填塞着这条路的前尘往事, 繁华与衰落, 当然, 还充盈着今日的蓄势待发。

毛刺的外墙, 幽深的店堂, 拱形的窗户, 朴素的小楼, 几尺见方的小阳台。走在太平南路上, 沿街的建筑, 让人感觉仿佛时光在回溯。老字号曾经珠联起这条街的芳华, 如今, 那些建筑以及故事还有几许人知?

体量最大的, 毫无疑问是坐落在太平南路 278 号黄金地段的江苏饭店, 堪称这条街的标志性建筑, 其前身就是著名的安乐酒店, 始建于 1928 年。百年时光一倏而过, 现在的饭店则是 2015 年易址新建, 虽然已难现当年歌女、旗袍与留声机交织的优雅, 但它在承继中续写着今日的另一种辉煌。

又比如浙江庆和记支店的三层楼房, 建于 1933 年。银楼两侧的裙楼今已无存, 主楼上马赛克拼贴的店名缀满了岁月沧桑, 有些模糊, 隐现入目。

在白下路与太平南路交界处的西北角，有一栋外观朴实的四层小楼。赭红色的墙砖，弹涂的水泥立面，整个建筑以街角为支点，向两侧延伸开去。你若凝望就会发现，该幢建筑有着某种低调的奢华，颇像今人所言的凡尔赛体，于不经意中透露出曾经的娇娆。无论是颇有节奏感的外墙设计成褶皱样式，还是窗扉巧妙地镶嵌在褶皱间，抑或V字形的结构形态，都让整栋建筑充满灵动之感，优雅而活泼。其中最吸睛的部分，当属高居顶层的钟楼，一方黑色立钟极具庄重，将时间定格。它已不再定时敲响，亦无永不言停，却与这条街同在，看日出日落，云卷云舒，阅尽光阴，也品味孤寂。

对于过往的匆匆行人，这栋楼的身份信息已然镶嵌在蓝色门头上，"交通银行"四个大字直入眼帘。其实不然，该建筑的真正内涵远不止于此。

这栋楼的历史可以追溯到95年前的中南银行南京办事处，由印尼华侨黄弈住出资建于1929年。中南银行是民国时期由南洋华侨资本创办的银行，与当时的盐业银行、金城银行、大陆银行同被称为"北四行"。与之相对应的"南四行"，则是浙江兴业银行、浙江实业银行、上海商业储蓄银行和新华信托储蓄银行之合称。而当时的官办银行，则为中国银行、中央银行、交通银行和中国农民银行，俗称"四大行"。此外还有外国银行，如美国的花旗银行、英国的汇丰银行、日本的正金银行等。另有几家"混血儿"，即中外合资银行，如中法实业、中华汇业和中华懋业。

1933年，随着银行业的繁荣，这里升格为中南银行南京分行，除了经营存、放、汇款外，还兼办理储蓄、信托、仓库、房地产和证券交易。抗战爆发后，中南银行从南京迁往武汉和重庆。

抗战胜利后的1946年3月19日，中南银行南京分行恢复经营。1952年10月，这里再度歇业，其后曾被用作朝阳饭店。1987年2月，这里成为交通银行办公地点。

走进这栋老建筑，古旧的雕花窗棂斑驳失色，依稀透露出些许旧容，大厅两侧有回廊楼梯直通楼上。已经改造过的办公室看不出昔日格局，只有回旋的楼梯，似如时代的循环，提醒着经由的人们，这里承载过不尽的风霜。

言及太平南路，当然绕不过太平商场，1947年才开业，与其他店家相比，绝对是个小弟弟。不过，踏步77载，当年开在这条街的其他店铺早已灰飞烟灭，而它依然健硕，成了"中华老字号"，即便在全国也屈指可数。

与江苏饭店一街之隔的太平商场，当年与南京中央商场齐名，同为大型百货公司，从那一时代的来者，心中都有着这样一份记忆。

太平商场位于今日太平南路279号，始建于1946年。那时抗战胜利甫定，国民政府还都不久，人口激增直接拉动消费需求的急剧扩大，而南京商界亦提出"振兴市面，服务社会"的口号，市场因之一度欣欣向荣。

同年8月，浙江宁波人、曾任南京开物公司及福民农场董事长的贺鸿棠先生，与南京实业界6位名人顾心衡、陈启素、周亚南、

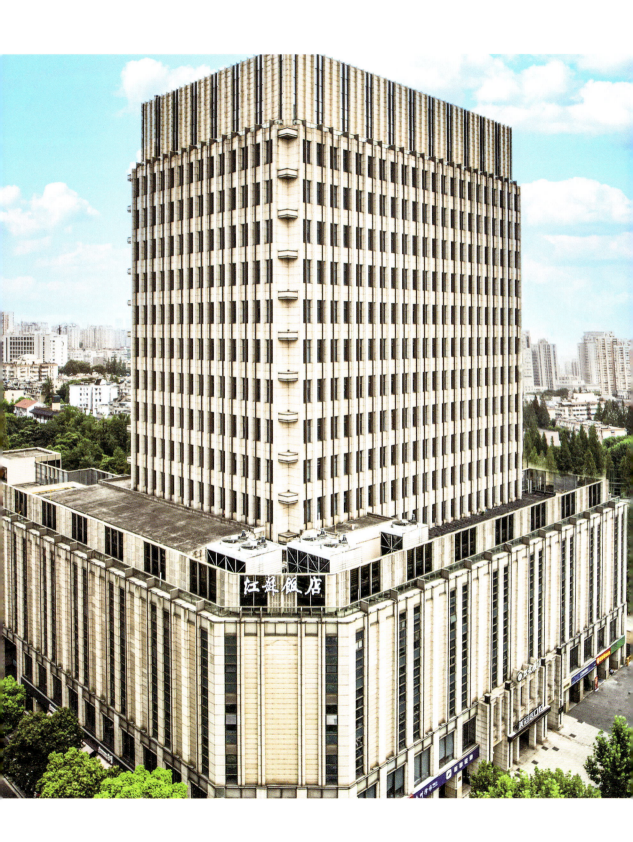

太平路与白下路交叉口，
中间高楼即为中南银行

王敬煜、邹秉文、胡间云一道发起招股，准备兴建一座大型商场，并宣布其办场宗旨为："本诸合作互助之原理，节省供求之经济，使生产与消费双方直接交易。"

1947年春，商场落成，取名"太平商场"，并于当年4月1日迎客，开业盛典就在街对面的安乐酒店举行，所有股东及进场开店的业主悉数出席。会上，胡间云作《关于商场设立的一切事项》的报告，贺鸿棠宣读商场章程并获全体股东讨论通过；又选举了7名董事，贺鸿棠被推举为公司董事长，胡间云出任商场经理。

太平商场实行的是"出租铺面，收取租金"的方略。当时拥有营业面积7000平方米，进场设店的商号达200余家，从业者逾600人。经营范围甚广，举凡日用百货、五金、交电、服装、纺织品、食品、杂品、南北货、瓷器及餐馆、酱品店、药房、钱庄、信托行、照相馆等无所不包，品种逾千。

太平商场开业之初，正逢洋货充斥南京市场，国产商品备受冷落。为此，董事长贺鸿棠即以"提倡国货"相邀，联络沪杭以及本省工商业大户举办了一场声势浩大的"全国国货展览会"。于当年 9 月 30 日开幕，12 月 12 日结束，为期近两个半月。展出商品有瓷器、百货、纺织品、服装、湘绣等。南京城为之轰动，吸引了众多市民前往购物，人如潮涌，熙来攘往。

然而，太平商场开业之际，抗战胜利后短暂的商业繁荣已渐入尾声，不久，物价开始飞涨。到了 1948 年下半年，市面更加混乱，许多商号已无法正常营业，纷纷关门歇业；商场本身亦无力回天，连董事长贺鸿棠也撒手走人。

1949 年南京解放前夕，商场内只有三四十家小店勉力维持。1950 年 3 月，曾经风光一时的太平商场宣告关闭，此时距其开业仅 3 年。

不知不觉又过了 30 年，直到 1982 年太平商场重新恢复营业。到 20 世纪末，已发展成占地 1.5 万平方米、拥有建筑面积 3.85 万平方米的商业巨人。

再言中华书局南京分局，它在杨公井巷

断垣残壁的太平路

口屹立了 86 年。建筑犹存，但后半生成了"古旧书店"，这里留存着不少读书人的气息，还有满载而归或淘书偶得的温馨回忆。

民国时期的太平南路，商家云集，南段是以中南银行为代表的金融区，中段则逐渐形成以商务印书馆为代表的"书店一条街"，最多时有数十家，包括商务印书馆南京分馆、中华书局南京分局、世界书局南京分局、开明书店、良友书店、正中书局南京分店、大公书局、南京光华书局、共和书局、广益书局、南京书店、大东书局南京分局、上海书局（上海书店）、龙门联合书局南京分局等。

曾几何时，"书店街"是学者教授们的精神"圣地"，中央大学和金陵大学的诸多教授、学者都喜欢来这里淘书，如胡小石、黄侃、常任侠、胡翔冬、汪辟疆、唐圭璋等皆是常客。

为了吸引更多顾客，"书店街"的店主们想出了许多妙招。比如中华书局南京分局免费提供凳子和茶水，书虫们可以悠闲地坐着，边品茶边选书。于是别家也竞相效仿，提供不同的特色服务。为了争取读者，彼此间还大打折扣战，最低三折就能到手，便宜了买书人，也深得其心。

一派繁荣的书店一条街，在 1937 年侵华日军进攻南京时毁于战火，一张太平路断垣残壁的照片就是明证。南京沦陷期间，商务印书馆南京分馆因被日本人列入"与国民政府联系"的名单而被迫更名"南京书馆"。1943 年，"商务"私下将被毁坏的原有馆址加以修缮，重新开业。

时过境迁，当年的书店一条街早已无存，唯有建于 1935 年的原中华书局南京分局老建筑，有幸躲过了多次可能被拆的命运，依旧矗立在原地。这里的门牌，现在是太平南路 220 号，完整地保留了中华书局扇形样式的原状，还是干着卖书的老本行，但人气大不如前。

全长 2000 米左右的太平南路，民国时期不仅有气派的大店，亦有精巧的个体商铺。如今唯有太平商场的名称地点未变，其他皆已芳踪难觅，一句"恍若隔世"令人唏嘘不已，真是此一时彼一时也。倒是迁徙斯地的"绿柳居"和"宝庆银楼"后来居上，开启新篇，多少改变了人们心中的一些记忆。

"绿柳居"位于太平南路 248 号，是著名的老字号饭店，不过它并非太平南路"原创"。这家南京人熟悉的素菜馆始建于 1911 年，

当年太平路的商业氛围

最初坐落在夫子庙桃叶渡 12 号。绿柳居独门创制了不少金陵风味的特色素菜，色香味俱全，令人垂涎，故当年国府要人白崇禧、戴季陶、孔祥熙等常来换味尝新。1949 年，绿柳居菜馆因生意清淡歇业。1963 年 5 月在太平南路杨公井附近重新开张，20 世纪 90 年代再迁居今处。地点因时而变，但菜肴口味一如既往，近年来又多有创意菜品，绝色美味，是当下南京最火的老字号。

至于著名的宝庆银楼，同样是太平南路的新客。这家有着"江南第一银楼"之称的老店已有两百余年，风雨如磐。它最初在驴子市（今建康路），1984 年选择在太平南路老店新开，彼此增色，相看皆喜。

民国时期的太平路，当年在整体修筑成型前，被分隔成了好几段。从 1936 年的南京地图上可观，由北向南依次是吉祥街、花

牌楼、太平街、门帘桥，1931 年拓宽后合称太平路。其南接白下路至建康路段，拓宽后则称朱雀路，由此通达夫子庙。

数年前，南京地方史研究者张智峰先生搜集整理出一份《民国时期太平路门牌号码》，除了几处住宅、学校、报社以外，皆为商铺。书店、服装店、绸缎庄、百货店、药店、五金交电、金银首饰、拍卖行、照相馆、饮食小吃等，不一而足，应有尽有。当相关信息一一对应后，昔日繁华一目呈现，让你深信，当年的太平路简直就是燃爆了。若是放在当下，绝对是网红一条街、打卡胜地。

从相关信息中可以知悉，仅书店就多达 22 席，可见当年"书店一条街"是实至名归。文化，曾是这条街的一大特色，亦是南京的魅力所在，言称南京"文都"，绝非妄言。只是不知当年谁是第一个落户于此？且一定

极受宠爱，惹得众多书店相继前来扎堆，既形成一种竞争态势，也成就了彼此的良性互动和一时之盛。

此外，这条街上还有诸多杂志社，诸如太平路 50 号《自由与进步》月刊社、太平路 136 号《南京人报》社和《南京晚报》社；太平路 140 号《新闻报》南京分馆；太平路 265 号《中国工业》通讯社；太平路 298 号《新国民画报》社；太平路 371 号《中国学生》月刊编辑部；太平路 388 号《华报》社编辑部；太平路门帘桥 407 号《正言》报；太平路 416 号《救国日报》社及《大地周报》；太平路 435 号《新中国月刊》，这亦是一种文化兴盛。其中，最著名的就是张友鸾的《南京人报》和龚德柏的《救国日报》，前者有趣，后者敢言。

现在，我们再一次穿越太平路，从北至南，开始寻找当年陈迹。中山东路至文昌巷，当年马路两侧路口的门牌号应是"太平路 2 号宝成参燕号"和"太平路 7 号存心泰药房"。时光由此开始回溯，继续前行，路西第一个路口是铜井巷，东侧则是科巷。以巷口为地标，"太平路 38 号太平路铜井巷口，大光明钟表眼镜南京分行""太平

太平路上的人力车和小汽车

路 49 号科巷口，宝丰绸布呢绒局"。大光明钟表眼镜行是清末老店，存心泰是一家中药店。宝丰绸布呢绒局并非名店，而太平路 14 号的鸿祥绸缎呢绒棉布庄才是名声在外的大商号。

再向前走，有一条不起眼的小街叫作七十六巷。巷中 2、3、4、5、7 号皆为民国建筑。"太平路 53 号是金莺绸缎服饰公司，太平路 82 号则是九华绸缎局"，后者在中华人民共和国成立后成了"一鸣刻字店"。其位置就在该巷口以南 50 米。

步履不停，继续行进，西侧经过游府西街路口，东侧路过文昌巷口。"太平路 133 号马庆康公司分店"就在巷口，售卖糖果糕点，同时经销著名的马头牌冰棒。附近卖食品的，还有太平路 121 号五味斋点心总汇。能起这样的店名，想必售卖的食品种类繁多。

前行至文昌巷至常府街，过了文昌巷向南，路西侧为杨公井。路口的中华书局股份有限公司南京分局 1949 年前后的门牌是太平路 212 号。而"正中书局南京分店"当时为太平路 206 号，与其毗邻。正对杨公井的巷子叫三十四标，其名大有来头，它源于清末新军建置，分为镇、协、标、营、队。南京为陆军第九镇（相当于师）驻地，协统（师长）为徐绍桢。有关这类地名，南京还有马标、炮标以及标营等。其 107 号是一栋旧时小楼，从曾经的楼主口中得知，开在太平路上的"共和书局"，老门牌号是太平路 233 号，大致就是一度为儿童书店这一位置。然而名曰书局，实际上只售卖文具用品，两厢完全不搭。

前行到常府街至白下路，太平路 292 号就是此前提及的安乐酒店，原位于太平商场一街之隔的正对面，应该是这条路上名气最大的店家。太平路 141 号是湖南华宫酒家，太平路 167 号则是曲园酒楼分店。

常府街一侧，过了太平巷口，在马路西侧今太平南路 382 号，有一栋保存尚好的三层小楼。外墙是用红砖与水泥涂抹，顶部还留有马赛克拼成的绿色店名，这就是前文提到的"浙江庆和支店"，庆和二字中间还竖排"昌记"二字。民国时候曾为银楼，但它没有列入搜集的相关名录中，而门牌信息中所见则是另一家，名为浙江老天宝银楼，位于太平路 100 号。

走到太平南路与白下路交叉口，这里就是当年太平路的终点。西北角的民国建筑，就是前文中提到的当年颇有名气的中南银行南京办事处旧址。

是巧合还是前世因缘，太平路 417 号竟名"金陵图书馆"。只是它为 1926 年设址在马府街的一家书店，与现今金陵图书馆毫无干系。

走完这条街，心境难平而意犹未尽，因为上述介绍的内容只是冰山之角，不过为当年繁华之一隅，难见旧时森林之盛。据资料所见，民国时的太平路，再加上朱雀路，沿街店面多达 901 间，绵长无尽，密密匝匝。像呢绒绸缎棉布业除了九龙、天福分店，鸿祥、丽华，还有新华、久新、章华等；服装业除了专门定做军装的大同服装店外，还有专做西装的哈罗、何顺记等；日用百货除了太平商场，还有著名的三友实业社、盛锡福鞋帽店、扬子衫袜厂、帐子公司、新新服装

约翰·拉贝

公司等；钟表业除了华盛顿、亨达利、大光明，还有大西洋、西施等钟表店，等等，不一而足，称得上是琳琅满目，观购皆宜。

言及太平路，战前一直在南京工作、居住的德国西门子公司驻南京办事处代表约翰·拉贝曾盛赞："太平路从前是主要的商业街，是南京人的骄傲，这条街夜晚的霓虹灯可以与上海的南京路媲美。"

谁曾料到，时日无常，太平路并不总是太平。1937 年 7 月卢沟桥事变，日本发动全面侵华战争。从 1937 年 8 月 15 日开始对首都实施首次空袭，到 12 月 13 日南京沦陷，日机进行了长达 4 个月的连续轰炸破坏。日军攻陷南京城后，肆意屠杀和奸淫，又实施野蛮的抢掠与焚烧，几个繁华区遭劫最重，几乎沦为废墟。

一位在日军占领后的南京生活了几个月的李君，在 1938 年中期逃离这地狱后，向人讲述了被日军毁坏的惨状。其中有言，太平路除中华书局、安乐酒店数家外，俱已付之一炬。另一位于同年 6 月偷偷重返南京的交通银行会计主任黄珏，在私下秘密调查中所看到的南京是这番景象：松井部队之中岛部，专司烧毁、破坏工作，焚掠之惨，亘古未有；而以中华门大街及太平路为尤烈。其中，太平路则自大行宫以至白下路口，焚毁达百分之九十五六，中间除杨公井中华书局，及毗连之十余户外，亦几全毁于火。

拉贝在1938年1月17日的日记中记录了他于16日陪同德国外交官罗森在南京城内很多地方看到的惨状。其中谈到，太平路是从前主要的商业街，是南京人的骄傲。如今它已变成一片废墟，一切都烧光了，再也没有一所完好无损的房子，路两边全是瓦砾场。

陆咏黄在南京沦陷后曾避居江浦西乡7个月，劫后回宁，见其门东故居已毁于火。他在其后所写《丁丑劫后里门见闻录》中载，"受灾最重者，则由太平路经朱雀路至夫子庙一带"。

"皮之不存，毛将焉附"？抢劫和纵火，导致城市商业生活陷于停顿，餐馆、商店不是被抢劫一空，就是被焚烧殆尽。1938年2月2日，金陵女子文理学院教授魏特琳到城南办事，看到战前繁华的商业街中华路和太平路都被烧毁殆尽："为了掩盖大肆洗劫的罪证，太平路上的商店几乎被逐一焚毁……

日军轰炸和焚毁下的太平路

除了几家日本人开的店外，其他商店都不存在了。"

同年 3 月至 6 月间，金陵大学社会学系美籍教授史迈士带领 20 多个助手和学生，对日军的战争暴行给南京带来的巨大损失与灾难进行科学、客观的社会调查，在"主要商业街区的损失"一节记载，在市内 8 条主要商业街道上，房屋和房内财物的损失只差一点就达 5000 万元，其中，太平路为 900 万元，损失可谓惨重。

这之后，这条太平路仿佛乾坤大挪移，完全"变色"。两边都是日本商店，吃的、穿的、用的、玩的皆有。三步一家料理店，五步一个株式会社，一式的日本商店，门面多为一米多高的木板房，里面也用木板隔开，有榻榻米，也有小茶座。外面招牌上写的都是日文，里面卖的全是日本糕点和饮料。迎客的也是穿着和服的日本妇女，她们踏着木屐，脸上涂抹着厚厚的粉黛，随着侵华日军的罪恶步伐，跨入民国首都南京，坐地淘金。因为大街上已无法容纳，有许多集中在沿街两旁的小巷，从路南的户部街到路北的杨公井、文昌巷、小松涛巷一带，是星罗棋布。走到这里，恍若隔世，与其说是如同日租界，倒不如说更像是日本某个街市的复制或移植，这是日本侵华给南京、给中国带来的深重灾难。

日伪统治下的太平路，再也回不到往日的时光，在艰难中挣扎。渡尽劫波，1945 年 8 月中国人民终于迎来了抗战胜利。

战后，重拾河山，给这条街注入了一些活力，又显生机。但为时不长，内战爆发，经济衰败，生活难以为继，街市萧条，太平路再次走向落寂。

太平路曾有的"纸醉金迷"，总是令人生奇，那里是有钱人流连、没钱人幻想的地方。但无论是尽情享受还是望尘莫及，都有着一种挥之不去的情结。

属于那个时代灯红酒绿的摩登已远离，给夜色留下它的一抹背影。待到再次归来，繁华似已落尽，岁月不饶人，总有谢幕时。如今的太平路貌似经历过巅峰之后，很难再恒久于顶，尽管我们期待轮回，但这需要天时地利以及时间的积淀，只能默默地于一旁充满期许。

曾经枝繁叶茂、葱郁遮天的行道树，经过一次次砍伐修枝，似轮回般又开始勃发生机。新的事物正慢慢地生长出来，会渐渐冲淡我们旧的思绪，开启新的念想。

国民政府外交部

安乐酒店的时代变迁与建筑夹叙

安乐酒店的时代变迁与建筑夹叙

　　1928年，广东人陈洪福来到南京，看到当时的首都没有大的酒楼餐厅，于是租用太平街55—61号门面筹建"安乐酒店"，聘请名厨精制筵席，粤菜美味的诱惑，令食客甚众；同时承办政府机关的宴会，初尝甜头。后得到粤籍大员马超俊、梁寒操等人的关照，获利颇丰。

　　1931年开辟太平路后，陈老板认定这条街未来大有前途，商机无限，于是当机立断，

选择靠近原址的太平路292号正式开设"安乐酒店"，一时生意兴隆，财源滚滚。不知怎的，让桂系元老马晓军知其内情，于是决定投资入股，并邀约部属李宗仁、白崇禧、黄旭初等共同参与，其本人则出任首任董事长，陈洪福代经理。这之后，安乐酒店一发而不可收，成了南京最红火的酒店之一，且经久不衰。

　　安乐酒店因为起步较早，本身设施齐备，

安乐酒店有限公司股票证书，董事长为马晓军

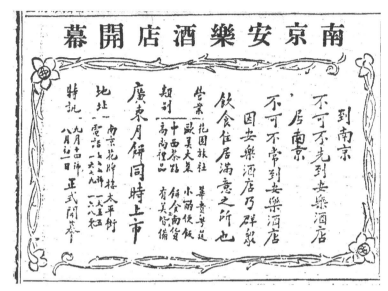

南京安乐酒店开幕

吃住一体，故占得先机；且处繁华之地，交通、购物，两相便利；又近夫子庙之娱乐场所，宴游随意；还有军方背景加持，不仅后台过硬，而且关系众多。一言以蔽之，"天时地利人和"，它皆占尽，因而名声在外，店客充盈，财源茂盛。

时代起伏，兵燹杀戮，南京背负的苦难太多。1937 年年底，侵华日军进攻南京，繁华的太平路遭受重创，一路断垣残壁，不忍卒看。

1945 年 8 月 15 日，燥热的夏天即将过半，大好消息传来，日本投降了，四万万人欢呼雀跃，胜利终于降临。14 年岁月艰危，虽然度日如年，但国人还是满怀希冀，如今，终于等来这一天。

正义被昭彰，肮脏被洗刷，14 年之辱，一扫殆尽，酒店又恢复了原名，开张迎客。

话分两头说，民国时期有一个中央合作金库，今日太平南路 305 号江苏饭店所在地即为其旧址，它于 1946 年 11 月 1 日正式营业，实为近现代重要史迹及金融商贸代表性建筑。1949 年 1 月，总库搬离南京。

1947 年 4 月 1 日，太平商场盛大开业，典礼仪式就在安乐酒店举行。

1948 年春，参加副总统竞选的李宗仁，把这里当成竞选总部，

安乐酒店精美的内饰

安乐酒店亦随其竞选成功而名声更盛。

1949年，中华人民共和国成立后，安乐酒店收归国有。

作为大时代的一出散曲，安乐酒店拉开序幕而闪亮登场，唱出了当年的强音。安乐酒店有着高光的表现，也有过至暗时刻；经历过盛时，亦品尝过不堪。但倔强的它生生不息，在承继中凤凰于飞，展现出新的魅力，不辱过往的荣耀，无愧时代的发展。

当我们阅读了它流逝的光阴，再去品味相关建筑及其他，可以对其有一个全方位的了解。牵手前世，让我们走进那个充满韵味的温暖之家——安乐酒店，去分享它的魅力。

1927—1937年是民国南京建设的"黄金十年"，中山人道的兴建和新街口商业中心，以及大行宫一带以总统府为核心的政治中心的确立，带动了南京城的酒店发展，一时成就了其鼎盛之期。

在这个历史时期内，南京的旅馆按照类型可分作三类：1.外资的西式旅馆；2.民族资本投资的旅馆，又包含西式饭店，以及传统客栈、旅社；3.国民政府投资兴建的旅馆或公寓。由于历史和其他原因，这一时期的南京酒店，主要是西式酒/饭店，在档次和规格上，都属于"超一流"水准。

作为民国新都，国之中枢，造访者不断。官吏来南京，除了许多政要有官邸，或者政府代为预备行辕外，都是以旅馆为落脚地，于是许多大饭店便是他们的首选。品质好，舒适，吃住一条龙，极为方便，且来客访问，倍有面子。所以，有部分高档酒店，这些人就是常客。

作为国民政府五院八部之地，各种会议奇多。各省军政长官，到南京开会、请示、接洽等，亦是日见踊跃。各个酒店为了争夺客源，自然不断提高硬件水平和服务水准，譬如夏天可以租用电风扇，冬天则房间加装暖气。抽水马桶也已具备，房间除了桌椅之外，还有沙发之类的配套设备。为了住客方便，中西大菜齐备；茶役们穿上制服，住在店里。这样的环境和条件，不特舒服，而且方便。安乐酒店位于繁华的太平路上，交通便利，且近于最为热闹的夫子庙，实是住宿、享乐的好去处；同样位于中山东路的中央饭店，不仅位置极佳，亦上档次。故而这两家酒店的生意特好，各省政要高官到南京公干，都愿意住此，虽然费用不菲，但钱不是问题，由是两店生意极隆。

部长、次长、代表、委员、长官、司令，这类人多如牛毛。有人统计，1937 年的南京，有将近 200 家旅馆，这些旅馆直接或间接都是为了服务冠盖如云的京华。

始建于 1928 年的安乐酒店，是一个有着 96 年历史的金陵老字号，回首已近百年身。原镶砌在东楼门头上的"安乐酒店"石刻招牌，为国民党元老、监察院院长、著名书法家于右任先生亲笔题写。

安乐酒店

只是不知这是于老的"餐前润笔",还是他的"食后佳作"?总之,有老先生题字招牌的店铺,都带来好运,生意兴隆,安乐酒店就是其中典型。

20世纪30年代的南京太平路(中华人民共和国成立后太平路向北延伸,遂以中山东路与太平路交叉口为界,南称太平南路,北为太平北路),是最负盛名的一条商业街,不少各具特色的酒家饭店都落户于此,如太平路291号的康乐园中西餐、251号的盈丰酒菜馆、318号的太白楼、110号的美味斋、57号的万全斋,其中安乐酒店名气最大,乃豪华酒店,餐住合璧,食之奢华,宿之高档,领先时尚,吸引了八方宾客纷至沓来,来南京不入住斯处,似乎感觉有点枉费此行。

1936年出版的都市地理小丛书之《南京》中,作者倪锡英有这样一段表述:"在南京,设备最完全、规模最大的旅馆只有两家,一家是中山路上的中央饭店,一家是太平路上的安乐酒店。"

南京市旅馆林立,散布各处,尤以下关及城南之状元境、白下路一带为特多。房间有大有小,价目亦有高有低,平均最低每日四五角,最高三四元,普通均在八角至一元五角之间,其特别昂贵者,若中央饭店、安乐酒店等,最大之房间,有达三十四元者,即最小房间亦需一两元。

安乐酒店还开了一个光明舞厅,人气十足。每当夜幕降临,华彩初上,灯红酒绿,轻歌曼舞。门前,络绎不绝的汽车排起了一字长蛇阵,出入的人,不是什么"长"就是什么"员",或者崭新戎装,或者笔挺西服,好不派头。

安乐酒店光明厅广告

那些年,市内有女浴室之创设,唯均附设于大旅社内,如安乐酒店、中央饭店等均有之。

上述内容,都是见诸当年报刊,只要言及南京的旅馆,必提安乐酒店。可见,它始终引领潮流,是享乐者的胜地,因为不断出新,因之长盛不衰。

不过,"酒香也怕巷子深",在旅店业竞争十分激烈的京城,即便像数一数二的安乐酒店,也要为之吆喝。这不,瞅一眼当年安乐酒店的广告,还真的是很卖力。"为谋饮客之高尚娱乐起见,故装无线电收音机,常有悠扬的音乐、婉娓的歌声及名人的演讲,听之心怡神往。且该酒店之三角钱时菜与四分钱之点心,均甚精美。前往光顾者既饱口福又享耳福,因是群众无不乐道云。电话:

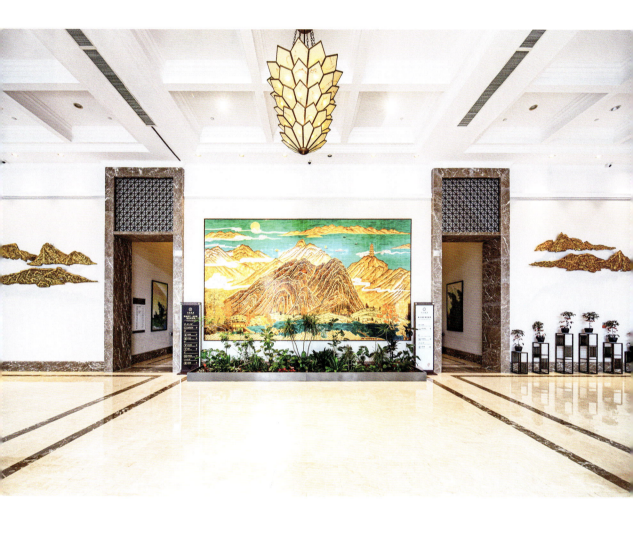

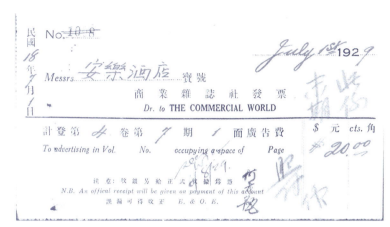

安乐酒店在商业杂志社刊登广告发票

安乐酒店时髦的吊灯

1255、1879、777；地址：花牌楼太平街五十号。"

　　安乐酒店最具代表性的建筑是 1928 年建成的东楼，高三层，临街而立，坐西朝东，面阔 12 间，长约 50 米，占地面积 3531 平方米，建筑面积 3368 平方米。

　　酒店为四层砖木结构，设计精巧别致，充满了令人陶醉的异国情调。外墙为黄白相间的耐火砖拼接而成，极为典雅。一层为店铺，二、三层为客房。每个房间宽大的玻璃窗外，悬空凸立着一方造型小巧的露台。试想一下，华灯初上的暮色时分，端一杯咖啡于露台之上，凭栏观赏太平路上的车水马龙和万家灯火，那感觉真好。

四层楼顶为户外花园，四季常绿。木质楼梯，内为"回"字形走廊，木质雕花护栏，琉璃瓦天井。站在四层天井俯视，

二、三层尽收眼底。它与当时励志社大礼堂内三面悬空一样，也是民国建筑的一绝。

楼内，古朴的红木家具、花瓶、老照片、老式电话机、电唱机，充满了怀旧情调。这在南京众多的民国建筑中，实不多见。

在临街的楼顶，还有一个南京独一无二的屋顶花园，四季常绿，客人可在此俯瞰金陵秀色。遥望当年，远眺四周，极目可达，

安乐酒店广告

首都设备最完美之大旅社

中山门、中山陵、北极阁、中华门、狮子山等著名景点，尽收眼底。夏季，屋顶花园还供应冷饮，是纳凉的好去处，客人慕名而来，生意非常红火。

30 年代初期，为了扩大接待的规模，提升服务的规格，"南京安乐酒店有限公司"以换发新股票的方式集募资金对酒店进行了扩建，1932 年年初建成了南楼和北楼，上下二层，砖木结构，黑瓦黑砖，木制雕花门窗和楼梯扶手，楼梯台阶镶嵌铜条踏步，极为考究；北楼坐北朝南，南楼坐南朝北，相向而立。一层为水门汀地坪，二层为木质地板。客房内拥有当时少见的抽水马桶等卫生设备。

安乐酒店二、三楼共有客房 120 多间，一楼是中西餐厅、会议室、舞厅、桌球室、小卖部等，设施一应俱全。由于饭店的军方背景，所以国民党的很多军政要员，特别是桂系的李宗仁、白崇禧、黄旭初等人来京，都入住于此。

安乐酒店与当时首都的中央饭店、福昌饭店鼎足而立，除了环境幽雅和设施先进外，所经营的粤菜和西餐别具风味，极有特色，得到不少社会名流的青睐。

南京安乐酒店南楼开幕

南京的粤菜馆，因定都而勃兴，高官中广东籍人士不在少数，自然喜食家乡菜，粤菜馆随之应运而生，直至抗战迁都重庆而暂告消歇，其间还是大有说道。

当年，广州酒家与安乐酒店一道，成为首都粤菜馆的翘楚和旅游指南类图书的必录，倪锡英所著《南京》一书中就写道："广东菜也已成为南京一般人所嗜好，著名的粤菜馆有安乐酒店和广州酒家等家，都是极出名的。"

言之粤菜馆，似乎非安乐酒家莫属，当年闻名京城，说它具有独一份的地位，绝非妄言。如《北平晨报》1931年12月30日的《首都食色小志》说南京的菜馆业："中菜方面，初亦以中央饭店为巨擘，内分京菜（北平）粤菜两部，能容三四十桌之客，大宴会非彼不可，故营业颇佳……至安乐、世界两家，均系粤人所设，以兼答营业，故规模甚大。安乐近方费资二十万，建筑五层大厦，占地可十亩，有房三四百间，年内可望落成，其中菜部新设经济菜，不论鱼翅青菜，每盆均只售大洋二角，个人果腹，最为便利，故生涯大盛。其餐桌筵席，有贵至百元以上者。"

一餐筵席贵至百元以上，这在当时是何概念？绝对称得上是奢华，非高官厚禄，或家中有矿，恐怕是门都不敢迈。

而上文中提到的世界大饭店，当初也是声震四方，因为它曾号称粤菜馆中的老大。然而《晶报》1931年7月9日第2版一则"乃于本月之宣告清理，关门大吉"的报道，令人深感意外，不承想它清盘如此之快。就在两年前1929年8月3日的《申报》专门登载《首都世界大饭店建筑招标通告》，表示该饭店筹建始于此际，目标是"在首都太平街拟建

研究烹飪者。莫不奉隨園食譜為圭臬。而安樂酒店之粤式菜點。則變其成規。取其神髓。雖不敢說是駕而上之。特求其屢滿於饕餮口福。則不遺餘力耳。

尤有進者。通常人不易招聘廚師。仿製隨園風味。惟到安樂酒店。花四分錢。便享受一碟點心。從客觀上比較。其輕而易舉。則非隨園所能及矣。且袁子才時代。科學未盡昌明。器物設備。常甚簡略。在炎夏時期鹽飲。常苦汗流浹背。影響所及。菜味為之色減。今安樂酒店各餐室。有煖皆電。無屑不風。酌酢是謂。余不信。口胃倍爽。此又非隨園時代所可比擬者也。盡不試之。

本京安樂酒店中菜部經濟食堂并無有所謂（安樂小食部）在

（各界）（注意）外營業請各界注意勿受朦混是為至要

隨園食譜與安樂菜點之比較

随园食谱与安乐菜点之比较

筑西式饭店一大座"。

建成开业，则是在一年之后的 1930 年 10 月 8 日，读一读《南京世界大饭店酒楼部开幕宣言》，足以感受到它的隆重登场："本店费无数之精神，筹备年余，始克成立。其规范之宏大，设备之精良，概可想见。兹定于十月三十日开幕，尚希各界惠然肯来，藉尝味美价廉之粤筵风味，不胜厚幸。"这是载于当日《申报》的报道，并明示经营粤菜。

开业后确实佳客云集，如朱家骅执掌中央大学，推行教授治校，于 11 月 25 日宴请全校教职员，即设席于此。设想一下在当年，全校教职员都参加，没有几十桌下不来。

再如 1931 年国民大会期间，邵力子、陈布雷、钮永建、陈其采、周柏年、顾树森、朱家骅、张道藩等于 7 月 4 日公宴南京、上海、江苏等地代表，也设席于此。

国民政府考试院副院长邵元冲则更是多次在世界饭店宴饮：1930 年 11 月 17 日：午间应王漱芳（南京市特别党部监察委员）、刘恺钟（江西省党部委员）在此招宴。12 月 16 日：晚应罗卿会（其人不详）在世界饭店招宴，同席有王景岐（法学及国际法专家，外交家）诸君。1931 年 1 月 31 日：晚在世界饭店宴何雪竹（何成濬字雪竹，湖北省政府主席兼武汉行营主任）、陈辞修（陈诚字辞修，陆军上将）、向育仁（向传义字育仁，陆军中将）、陈鸣谦（川军将领）、邱文伯（贵州军阀王家烈驻京办事处代表）、熊滨（江西全省抗日义勇军编练处副主任）、陈炳光（四川省第四区专员）、王太蕖（王用宾字太蕖，立法委员）诸君。2 月 27 日：晚在世界饭店招宴于右任（监察院院长）、陈伯严（陈三立字伯严，著名诗人）、于范亭（于洪起号范亭，监察委员）、杨谱笙（监察院秘书长）、许公武（历史地理学家）、冒鹤亭（冒广生字鹤亭，考试院考试委员）父子等。

但不知何故，世界饭店很快即宣告关门歇业。负责相关善后事宜的刘伯昌律师代表饭店于 1931 年 7 月 9 日专门发表声明："兹据大世界大饭店委称：本店现经股东会议决，自七月一日起停止营业，清理招盘……"想来，不足一年时间就挥手作别，殊为可惜！

但也有评论认为，粤菜馆首推广州酒家。如《新生活周刊》

1935 年第 1 卷第 63 期《旅京必读：首都的"吃"》一文则言："川菜，以皇后撷英等稍佳，浙绍馆则老万全、六华春最著，粤菜馆则以广州酒家为佳，至规模较大者，如中央饭店，安乐酒店，世界饭店，则各式均备，唯中央以川菜较佳，安乐以粤菜为著。"

在众星捧月的态势之下，安乐酒家已然成为名人的交际中心："你如果今天跑到中央饭店去见某委员，明天跑到首都饭店去见某部长；今晚在蜀峡饭店请川菜，明晚在安乐酒店请粤菜；人家邀你秦淮河上听戏就听戏，人家约你钓鱼巷里逛逛就逛逛，那么毫无疑义地，保管你福星高照，官运亨通。"《华年》1936 年 7 月第 29 期的《知人之明》

一文，点出了当年京城走马灯式饭局的极佳去处。

而最具政商范的，莫过于 1935 年 11 月12 日召开的国民党第五次全国代表大会期间，安乐酒店成为最重要的接待酒店之一。1945 第 5 期《独立漫画》署名"德不孤"《五全大会的里里外外》一文中是这样精彩描述的："中央饭店，安乐酒店，首都饭店，挹江别墅，东方饭店等处的门口，汽车一排，总是几十辆，到晚间，新都及国民两大戏院门口的汽车，亦常是汽车几十辆以至几百辆。"

不惟如此，达官贵人中意这里，还因为当时安乐酒店有着另外一个身份——南京的奢侈品中心。

安乐酒店为茅台酒的特约经销处

安乐酒店花园天声苑群芳会唱

名店吸引名流，名人烘托名店。安乐酒店除了见识风云变幻的政治事件和要人，也目睹过胡蝶、周璇这些大明星的芳姿。安乐酒店不仅仅是极具特色的餐馆，还是高档宾馆，当时，上海滩的当红影星来南京宣传新片时都喜欢下榻于此，京剧名角梅兰芳也曾是安乐酒店的熟客。

也许就是因为有了这些时髦明星和时尚名流的出没与捧场，安乐酒店也成为南京的奢侈品"专营店"，翻阅 20 世纪 30 年代的《中央日报》，安乐酒店出售奢侈皮装、珠宝的广告并不少见，其商品部的奢侈品卖得十分红火。著名学者黄侃就在该店买过，他在日记中有载，1932 年 12 月 6 日，"午后看中央研究院动物，遂买狐裘于安乐酒店"。狐裘虽非名贵，但亦属珍品，《东周列国志》载："狐裘，贵者之服。"朱熹《诗集传》云："锦衣狐裘，诸侯之服也。"可见在古代，能配以此服者，非富即贵。

据 1948 年 3 月南京市旅馆商业公会会员名册记载，安乐酒店的总资产为 1.65 亿法币，是全市 277 家旅馆中资产最大的一家，也是南京市"特等旅馆"之一。果然是家大业大，经营有方，历经 20 年长盛不衰。

由于安乐酒店具有典型的民国情调，高雅别致，想还原当年的历史场景，这里是不用复制的绝佳之地，故《钟山风雨》《蓝盾保险箱》《雨花魂》等多部影视片都曾选择在这里取景拍摄。

中央研究院

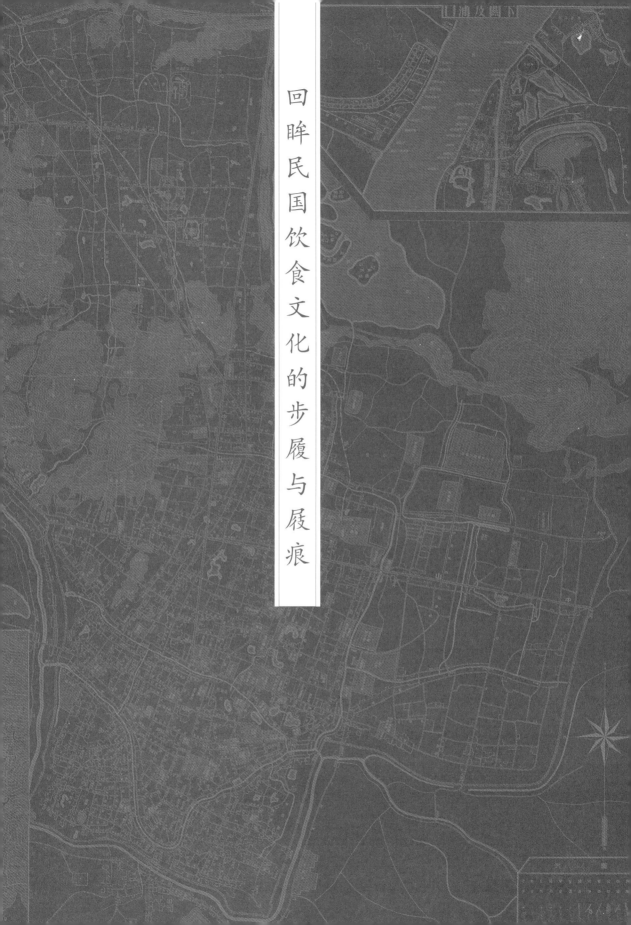

回眸民国饮食文化的步履与屐痕

回眸民国饮食文化的步履与屐痕

"治大国，若烹小鲜"，语出《道德经》第六十章。其意为治理大国就如同烹调小鱼，要恰到好处，不能过头，亦不可缺位。可见，烹饪之术，非一般雕虫小技，言重一点，甚至可引申至治国方略。

饮食在华夏文明中占有独特地位，中国传统文化的诸多方面都与饮食有着万般牵连。大到治国之道，小到人际交往，无不从饮食学烹饪学中汲取许多，包括概念、词汇，甚至获得灵感。

芸芸众生，吃是大事，所谓"民以食为天"，悠悠万事，惟此为大。同时，吃是一种交际手段。《礼记》云："夫礼之初，始诸饮食。"古往今来，有多少名目的宴请，都是借以调谐人际感情，打通关节，疏通关系，以达欢愉好合之目的。另外，中国人擅长从饮食中咀嚼和品味生活的意趣、诗意，于是常常在聚会畅饮中吟诗作对，不亦乐乎。再有，就是一群"吃货"，精研此道，成为美食家，并传递着美味，使之扩大影响。

民国南京什么样？历史的一页已经翻篇，我们无从亲历。但从留下的众多文字中，我们还是可以阅读到其中想要了解的内容。在追溯民国时，美食似乎是绕不过去的话题，吃所凸显的重要性，不言而喻。

南京的饮食文化，历史悠久，因为地缘关系，因为政治地位，因为文化发达，因为物华天宝，这一切为饮食的发展与繁荣提供了必备和特有的条件，由此成就了南京的美食。这里就不赘述，只言民国时期的饮食文化及特点。

民国虽是一个短暂的过渡期，但它与数千年的传统还是有着不小的区别。单就饮食而论，就有较大差异。传统已不多在，菜肴更多地融入时代之变，以适应一代"新人"。

民国味道，是什么？今人似乎有些说不清。食材未变，只是口味有所创制，技艺不断更新，改良之后，更符合大众味蕾。所以，民国菜肴所指，算不上是菜系，而是一个特殊的历史时段，汇东西南北方家之口，和而不同。有特色，非传统，值得品味。

1912年，孙中山开府南京，就任中华民国临时大总统。其后，虽然北洋政府位居北京，但南京依旧是省会和东南重镇。商业持续发展，其中以饮食为代表的服务性行业尤为显著，1912—1926年，南京饮食发展初具规模，1934年在政府部门登记的南京市筵席酒菜业同业公会的会员中，清末民初建立的酒楼菜馆就达60多家。其中，49家是民初新开，占菜馆总数的78%。

民国南京，是极尽繁华之地，这座昔日并不显山露水的城市一跃成为全国的新都。

1927年蒋介石在南京建立国民政府，六朝古都再次成为中枢要地。

这里是六院八部所在，军政要员云集，各国使领常驻，往来各式人等亦如过江之鲫，络绎不绝。饭店、菜馆是他们政治活动、生意往来、中外交流的主要阵地，常常不惜一掷千金，食尽奢华，成就了一个极好的赚钱商机。

为了满足来自各省之人的口味需求，餐饮发展进入一个快速通道，在民初新开的 49 家饭店中，有 39 家始于这一时期，几达 80%。

究其原因，除了特有的首都政治地位，其他方面也尤为重要。首先，制定和颁布了一系列有利于商业发展的法令、条例和措施。在消费群体激增之下，饮食市场有利可图，这就大大推动了餐饮店铺的争相设立。其次，餐饮区域扩大，以往酒楼饭店多在人口密集、商业繁盛的城南夫子庙一带，现在开始向周边辐射扩散，沿着中山路一线，甚至直达下关中山码头。再次，资金来源，由一家独资转向资本筹股的多人组合。这种新型集资方式的引入，解决了个人资金的不足，使之有足够的资本改善就餐环境、扩大经营规模，菜色品种也更加丰富多样。传统中式和西餐并行不悖，选择更多，各有所好。当时较为著名的有金陵春、六华春、老万全、粤华楼、马祥兴、绿柳居等饭店菜馆。

卖方市场的扩容，使得南京逐渐成为消费型城市，由此导致买方市场与日俱增，刺激了更多的人从事饮食行业。党政军警商等阶层的人士，无疑是社会财富的主要拥有者，他们对南京饮食业的发展有着不可忽视的影响，餐饮已不仅仅是简单地填饱肚子，而是有足够的资财去饭馆消费、去享乐。三天一聚会，五天一宴请；今天我做东，推杯换盏，明天您回敬，觥筹交错，吃无完时。

当然，还有很重要的一点，就是政府的介入，带来了制度上的保证，从而规范了饮食行业的运行。国民政府设有实业部，其中商业领域由其下辖的商业司主管。此外，还在南京设有"商品检验分处"，专司相关事宜。这为南京饮食业的发展创造了一个健康有序的大环境，将其纳入一个正常的发展轨道。其后，地方政府的一些相关机构又出台了规章制度加以约束。1934 年的"新生活运动"，更是全面推展，"首都新运会"专门颁布了针对这一行业的《各酒菜馆茶社新生活规约》，对南京各大茶馆、酒楼和饭店的环境卫生、宣传手段、营业时间和服务态度等作出了规定，其细则十分详尽，面面俱到，达标不易。

在这样的环境下生存，商家有不小的压力，唯有努力做好才有发展。自我意识增强，各方所做就会到位，带来的一定是顾客盈门，生意火爆。

当然，南京粮食供应的充足，是其重要保障；蔬菜、禽蛋、水产的丰富，为菜品提供了不间断的原料。你想吃啥，都有；你想做啥，都有，这极大地催生了大厨的想象，任凭发挥；极大地打开了食客的欲望，流连忘返。有时是邂逅，于不经意间触动了味蕾，唇齿留香；更多的则是寻味而去，每吃必点，专宠于此。

从1927年到1937年，仅仅十年，南京城内已形成三大繁华商业区。一是城南夫子庙、太平路和中华路一带。商铺林立，市井繁盛，游人如织，是南京的黄金宝地。二是市中心新街口商业区。中央饭店、首都饭店、福昌饭店，皆是餐饮界翘楚。三是下关商业区。中山码头和下关火车站两大交通枢纽的勃兴，南来北往，人烟辐辏，服务性行业迅速跟进，大马路、商埠街，热闹非凡，故谓"南有夫子庙，北有商埠街"。此三处也是南京饮食业的集中地，餐馆繁多。夫子庙一带是首屈一指，这是历史留下的传统。据1935年统计，当时南京酒家菜馆多达1151处，其中近半数聚集于此，汇南肴北馔于一处。

这里的饭庄菜馆，多为金陵老字号，有的已是百年名店，如六华春，就是经营京苏大菜的著名饭店。不仅设有雅座，还有宴会大厅，可同时摆席百十桌。它以经营高档食材的名菜为主，鱼刺、海参、燕窝和熊掌，一应俱全。松子熏肉、鞭蓉虾仁、炖菜核、清炖鸡孚是其四大名菜，黄焖鸭、金腿炖腰酥、贵妃鸡翅、鸡蓉鲍鱼，则为脍炙人口的

传统京苏大菜。

京苏大菜在当时南京为主流菜肴，多少名门望族设宴无不以京苏盛宴为傲。因为有名人光临，自然增添了几许人气，这里成了达官贵人的宴饮之处、文人骚客的雅集之地。

作为市中心的新街口，周遭酒楼餐厅密集。像美美餐厅、新都餐厅和大三元等高级饭店，环境幽雅，富丽堂皇，极具现代时尚以及异国情调。在此就餐，吃的不仅是佳肴美味，还有愉悦的心境。

在这一地区，还涌现出集住宿、餐饮、消费、休闲娱乐于一体的现代化大饭店，著名的有中央饭店、福昌饭店和首都饭店。常常是政要出入之地、名人下榻之处，一不小心，你就可能撞上一个眼熟的面孔。

下关地区地处江边，属交通孔道，人口流动性大，消费群体档次相对较低，餐饮平民化和多样化是其特色。当然，这里也不乏高档饭店，如著名的扬子饭店，绝对是最高一级的存在。

饮食业的繁荣，不仅体现在餐馆数量上、功能变化中，还显现于菜品的翻新之处。

这一时期的南京，绝对是食客的天堂，全国各地美食均在六朝古都落地生根，各大菜系争相竞放，粤菜的奇巧味美，浙绍菜的鲜香爽口，蜀湘的麻辣重味，淮扬的清淡精致，鲁菜的中正大气。当然，少不了大有一统天下之势的京苏大菜，这为新都和市民带来了一场前所未有的味觉盛宴。

政府要员，主要来自两广、浙江和湖南，原本这些地方菜系就声名在外，如今亦为一种时尚，食客趋之若鹜。各地域的菜系汇聚

于首都一方之地，它们之间，首先是竞争，继之是融汇，再则就是创新，形成了"百花齐放，百家争鸣"的物态。

这里，我们着重讲一讲京苏大菜，南京是其发展的大本营。何谓"京苏大菜"？有人说是"北京菜加江苏菜"，又有人言为"南京菜加苏州菜"，这仅仅是从字面上理解，所以有误。其实它指的就是南京菜，这里所言之"京"，就是作为"新都"的南京，而南京又为江苏省省会，很大程度上即代表苏省，所以"京苏"指的就是南京。

南京菜历史悠远，如同这座都城史，最早可以追溯到六朝。但囿于年代、认知、技艺等诸多因素，早期并未形成体系。而得以规模性发展，真正成为遐迩闻名的独门菜系，则是在民国时期，引以为著的是六华春菜馆、六朝春、金陵春、东升楼、小乐意、大同饭店、金粉酒家、五芳斋菜社、三江如意楼、大鸿楼菜社等。

回眸历史，京苏大菜名声很响，它是由官府菜、市肆菜、民间菜、清真菜、素菜、船菜构成。在选料上惯以江鲜、家畜、家禽、蔬菜为主，辅以山珍海味。

其特点是采用食材严谨，加工以精细见长，讲究刀工，善制花色菜肴。制馔时注重季节分明，口味上追求本位，突出原汁原味，咸淡适中，滑嫩爽脆，爽口宜人，兼具四方之美，适应八方口感。烹饪方法上，以炖、焖、烤见长，一年四季炖、焖交替更换，又烤肥鸭、又烤鲴鱼、又烤酥方组合成"金陵三叉"，鲜香酥嫩。制作上，善用蔬菜入馔，更以鸭制菜肴冠盖中华，是色香味形器的高度统一，其全鸭席、燕翅烤鸭席、鱼翅烤鸭席极具影响力，故享有"金陵鸭馔甲天下"之美誉。

另有"金陵八野"，名扬天下，南京人向有爱吃野菜的传统，甚至将其端上豪门盛宴。自幼生长在金陵的曹雪芹，想必是经常品味，所以念念不忘，把野菜"请"进了大观园，他在《红楼梦》中写到刘姥姥带着瓜果蔬菜去贾府："姑娘们天天山珍海味的，也吃腻了，吃个野菜儿……"

"南京一大怪，不爱荤菜爱野菜"，这是一句本地的民间俗语，其实，主要是这里的野菜清香爽口，味道极美。在上千年不见硝烟的"餐桌争艳"中，南京人选出了经典的野菜组合"七头一脑"——枸杞头、马兰头、香椿头、荠菜头、豌豆头、小蒜头、苜蓿头和菊花脑。这八种野菜，每年都要在江南人家的餐桌上闹腾一回，无论是视觉还是味觉，都极具冲击力。

在各种口味的相互碰撞下，融合，取众家之长；推陈，博各方之优，于是就形成了民国大菜，一时绽放。

民国菜跨越百年历史，这里有军政故事、江湖野史，承载了几代人共同的记忆。

所谓民国菜，不是指风味特色，亦非指烹饪流派，而是指1912年至1949年这一特定历史阶段，富有创意、风靡一时的各种菜肴的总称。它代表一种文化、一种氛围、一种渲染、一种和谐，令人向往，是一种现代人生活的标准体现。

民国大菜是以本帮京苏大菜为主体，外帮菜肴为辅，包含浙绍、广东、广西、湖南等地一些风味菜品，并融入清真等一些流行于南京的特色庖馔。同时民国大菜与京苏大菜等一样，有一个共同的特征，就是选材精致、做工考究、费时费工，甚至连餐桌的摆台造型、上菜的时机顺序、服务员的服务技巧都有一定规矩。

"民国菜"的技法火候，或许并不那么独特、自成一系，但好就好在它包容杂糅，就像南京这座城市温润如玉的性格，食如甘饴，味入其心。

1937年日本全面侵华，南京沦陷，如入地狱，欣欣向荣的餐饮业遭到毁灭性打击，不是人去楼空，就是焚毁殆尽，此后，整体下行，只有喘息之机。

1945年抗战胜利，国民政府还都后，南京饮食行业短暂复苏，但受前期战争影响，中止了饮食业一路顺达的发展进程，故而不复从前。接着，又陷入内战之中，经济无序，社会不安，百姓无着。生存环境如此，餐饮界亦随之每况愈下，勉强维持。

1949年4月23日，一个时代的分水岭，红旗插上总统府，江山易主，人民胜利，1949年10月1日，中华人民共和国成立。

饮食，与人们社会生活的联系，是紧密而多元。看似一顿饭，但吃的意义各有不同，这在政治活动中体现得较为典型，甚至堪称淋漓尽致。

您听说过"调和鼎鼐"这个成语吗？它出自《旧唐书·裴度传》："果闻勿药之喜，更俟调鼎之功。"鼎：古代烹调食物的器具，三足两耳；鼐：大鼎。于鼎鼐中调味，使之适口，比喻处理国家大事，遵循中和。多指宰相职责。

民国时期政府的公文中，亦常见此语。这不是一个简单的比喻，而是作为一种思维定式，表现在高层的政治活动和一般的政治文化中。

饮食飨宴，是政治活动中不可或缺的手段。我国古代的"鸿门宴""杯酒释兵权"等，皆是饮食政治的经典案例。民国时期，当然少不了运用，成为当权者明争暗斗的舞台。其中最"出格"的，莫过于蒋介石因与胡汉民"约法之争"而陷后者于南京汤山，一场宴请就让他失去自由身。呜呼，哀哉！

君不见，大选中的"筵席"，不是简单的宴请和随意吃喝，多半有着特殊的政治含义。

岁月缱绻，不负时光，民国味道，曾经令人沉醉，甚至销魂，可终成历史一页。

逝去的菜馆，逝去的美味，逝去的人和事，虽未远去，但只可见其朦胧的背影。好在，历史在记忆中永远鲜活，更是色香味俱全，品味民国，"此情可待成追忆"。曾经消逝在历史中，如今重回人世间，它是一种历史的传承印记，是值得珍视和收藏的文化遗产。

文人好吃，是有传统的，自古如斯，如宋代的苏东坡以及著名的"东坡肉"；清代的袁枚和李渔，不仅会吃，更会写，所著《随园食单》与《闲情偶寄·饮馔部》，俱被吃货们奉为圭臬。即便是博学于文的孔子，《论语》中也称其"食不厌精，脍不厌细"。可见，他们是一群真正意义上的"老饕"。

古往今来，中国从不缺乏文人才子类的"美食家"。虽然美食对任何人都充满诱惑，但对多数人说来，它不过是一剂调味品，在事业、学业或爱情面前就只能退而为次。但许多文人乃是"享乐主义"和"闲适主义"的拥趸，与美食结缘，拥抱着大自然的馈赠。某位哲人曾有言，如果说"人世间有任何值得我们慎重其事的，不是宗教，也不是学问，而是吃"。

饮食是人们物质文化生活的需要，最初是为了果腹，吃饱就行。随着时间的推移、文化的积淀和文明的提高，逐渐衍化为一种精神需求，在肚子填饱时所获得的一种精神满足感，于是由衷地发出一句"生活是如此的美好"。

文学家林语堂曾言："中国人是靠着本能的，他的本能告诉他说，当肚子美满的时候，一切都美满了。"故而他在所著《中国人》一书中，就将"饮食"一节列在"人生艺术"一章，可见，吃已上升到至尊高度。

作为收入较高的一个群体，大学的知识分子不只会读书，亦会享乐。因为有些钱也有些闲，更有雅兴，所以一帮民国文人经常相约聚首，组团寻找美食，酒酣人醉，津津有味，乐此不疲。席间，谈今论古，吟诗作对，最堪玩趣。古人"以物托志"，如今"以宴为媒"，将吃变得高深有文化。不过，他们非公款请吃，多是自掏腰包，吃得心安理得，无所顾忌。

当我们来到这个世界上，就总会有归于尘土的那一天。斯人已远去，但那种"吃的心情"，是一件快事，令人回味，更令人遐想。珍惜当下，让我们尽可能地品尝人间美味吧！

国立美术陈列馆

腾飞的太平南路地标之江苏饭店

腾飞的太平南路地标之江苏饭店

厚德载物，行稳致远。百年光阴匆匆如梦，而安乐酒店留下的历史文化底蕴却将幽梦融尽，与新的现代文明汇合，塑造出如今的江苏饭店有限公司，化作不尽的人文情思，如温婉的秦淮河水，汩汩流淌，传世悠长……

一、从安乐酒店到江苏饭店

（一）涅槃重生一展新气

江苏饭店是江苏钟山宾馆集团有限公司的全资子公司。江苏钟山宾馆集团于 2000 年 12 月 5 日，经省委省政府批准，由省级机关 7 家自收自支事业单位成建制转企成立，并被赋予继续承担部分政府后勤服务工作的职责。目前，集团全资子企业 12 户，参股企业 2 户，员工 2500 多名，产业覆盖会议服务、酒店运营、物业管理、政务后勤、剧院服务、汽车配套服务、红色教育与职业技能培训、电子商务等，为省属大型企业集团。江苏饭店位于人杰地灵的六朝古都南京，坐落在太平南路 305 号，毗邻著名的夫子庙文化旅游区和繁华的新街口商业区。江苏饭店的前身"安乐酒店"，始建于 1928 年，迄今已有近百年历史。

秉承传统，继往开来，钟山宾馆集团和江苏饭店先后荣膺全国厂务公开民主管理先进单位、全国模范职工之家、全国青年文明号、江苏省文明单位、江苏省爱国主义教育基地、"江苏老字号""南京老字号""江苏省绿色饭店""江苏省餐饮名店""'最秦淮'文化主题酒店""全球酒店业最佳文化主题酒店金樽奖"等称号，被国家标准化管理委员会评为国家级服务业标准化试点项目单位等，被中国金钥匙评为"中国服务示范企业"，是江苏省旅游协会副会长单位、南京市旅游饭店协会会长单位。

江苏饭店的整体设计，在原有历史建筑的文脉与创新方面进行了有益的探索。在造型上，设计师对原中央合作金库立面采取保留局部、迁移复建的保护策略。新建筑立面与保留历史片断相呼应，不沿用具体细节，但深含历史建筑的风骨，以竖线条主宰立面构图，主楼裙楼采用逐层收进的体量，造型挺拔，比例纯正，细部精美，充分体现对历史的继承和创新。

走入江苏饭店，宽敞高大的厅堂设计，包裹着浓郁的历史风情扑面而来。设计师在室内方面也倾注了极大精力，如首层大堂，在风格上再现历史特色，在设计上采用古典秩序，呈现十字型空间组合关系，着力塑造东西向轴线空间序列。铺地图案对应吊顶藻井的构图，墙面及柱身装饰以线条构成强烈的轮廓。在室内用料上，铺地以石材为主，墙面装饰多用木质，彰显出别创的建筑风格。

酒店整体建筑气势恢宏，拥有禅意特色房、亲子家庭房等不同类型和风格的精品客房 138 间。先进完善的设施设备、体贴入微的优质服务，为宾客提供温馨舒适的休憩空间。酒店拥有雅致的餐饮包间、奢华的中式餐厅，可同时容纳 700 人就餐。菜肴以淮扬菜为主，历经百年，传承菜系精髓，甄选珍馐精华，将淮扬菜系文化之精细与古都皇家之精美融为一体，让宾客感受穿越时光的美食之旅。

（二）凤凰于飞再塑辉煌

1952 年，成为"江苏省人民政府第一招待所"。

1954 年，正式更名为"江苏饭店"。主要接待省内外参加各种会议的代表，也接待少量零散客人。20 世纪六七十年代，能住进江苏饭店，需要一定的身份，故而是一件很体面的事。1961 年，国民经济严重困难时期，安乐酒店也曾开设对外服务的高级餐厅，为增收外资作出自己的贡献。"江苏饭店"曾先后增设过内桥、大行宫、朱雀路、白下路、太平巷分部，1960 年到 1973 年分部相继撤销或划出。

1976 年，江苏饭店被拆分为两个事业性质单位，一为"江苏饭店"（太平南路 278 号），一为"和园饭店"（太平南路 305 号）。

1984 年，编号为 2 的六层客房楼竣工，次年 3 月投入使用。它于 1971 年立项，由于压缩基建规模，直到 1984 年才落成。

1985 年，江苏饭店主店逐步扩建，成为拥有客房 300 多间，千余餐位，两万平方米大型停车场等配套设备的会议中心。为了兑现"宾客至上，服务第一"的宗旨，饭店设有专职接待员，事先了解客人需求，有针对性地做好准备工作。服务员必须做到客到、茶到、毛巾到，实行站立服务、微笑服务和敬语服务。

1989 年，饭店学习外地先进经验，客房收费按服务规范标准分"硬件"（设备）、"软件"（优质服务）进行分解计价，设有专职质检员巡回检查，达不到质量标准的扣减房费，而扣减部分由责任人承担。江苏电视台、《解放日报》《南京日报》等新闻媒体进行了专题报道。饭店还推出多种服务项目，如代办旅游、代买车船票、出租雨具、出租自行车等等，处处方便客人。餐饮技术力量雄厚，50 名厨师中特级厨师就有 7 人，其余皆为等级厨师，客人可以品尝到以淮扬菜为主的江苏各地风味菜肴。餐厅还专设清真饭菜和病员

授予：江苏钟山宾馆集团有限公司

副 会 长 单 位

江苏省旅游协会
二〇二三年十二月

南京市旅游饭店协会会长单位

江苏省爱国主义教育基地

中共江苏省委宣传部

国家级服务业标准化试点项目

国家标准化管理委员会
二〇二四年一月

江苏省文明单位

江苏省精神文明建设指导委员会
2019年12月

饭菜，对有特殊困难的旅客送饭到房。

1990年，对原安乐酒店最早兴建的楼房进行改造，并增设接待大厅，于1993年2月投入使用。与此同时，还新建"宴月楼"，内设可供600人同时就餐的大餐厅以及豪华单间、舞厅、KTV包间等。另附设商务中心、美容中心、购物中心，使江苏饭店成为一个集住宿、餐饮、娱乐、购物于一体的大型饭店。

1993年6月，通过江苏省旅游管理局的严格评审，江苏饭店被批准为涉外饭店，开始接待境外旅客。对外开放后仍隶属于江苏省机关事务管理局，其首要任务是保证省四套班子举行的各种会议，然后才是接待其他会议和散客。为适应各种会议之需，设有可容纳200人的大会议室1个和13个中、小型会议室。所设停车场可停放100多辆车。

至90年代，江苏饭店已拥有5幢客房大楼和与之配套的附属设施，建筑面积达2.6万平方米，其接待能力名列全省前茅，仅次于江苏省会议中心。为了不断地提高饭店的服务质量，培训了一批又一批各类技术人才，中高级职称有98人，占到员工总数的42.3%。随着饭店的发展，其社会效益日益提高，经济效益也发生可喜变化。

1994年，江苏饭店开展争创"青年文明号"活动，客房部5号楼班组被团省委授予"青年文明号"的光荣称号；餐饮部咀华厅被省级机关团委授予"青年文明号"班组。

1997年，香港回归祖国前夕，江苏饭店以保存完好的民国建筑，迎来了一批原"国大"代表，诸位人士旧地重游，感慨万千。

2000年12月，经省政府批准，江苏饭店由事业单位转为国有企业，改制后成为江苏钟山宾馆集团所属酒店企业。

2003年2月，因钟山宾馆集团整合资源的需要，江苏饭店与同时事改企划归集团所属的和园饭店再度合并，对外统称"江苏饭店"。

2006年，太平南路278号地块出售。

2007年，原安乐酒店主楼被拆，成了一道消逝的风景。民国时期曾经遐迩闻名的集餐饮与住宿于一体的豪华酒店，成为人们的追忆。

2011年6月，为重铸"江苏饭店"老字号金字招牌的辉煌，江苏省发改委发文立项，翌年3月，由南京市人民政府批准，于南京市太平南路305号（和园饭店旧址）原地重建江苏饭店。

2012年6月，江苏饭店重建工程奠基。次年8月，大楼主体结构封顶。

2014年12月，历时3年，投资3.8亿元，江苏饭店完工告竣，巍然矗立在热闹繁华的太平南路上。

涅槃重生的江苏饭店，深含民国文化之气韵、融合历史与现代之气息、彰显新民国风建筑之气质，为一座集文化主题酒店、写字楼、沿街商业、地下停车场于一体的综合性商务大楼。饭店占地面积7860平方米，总建筑面积5.35万平方米，建筑高度780米，共21层，其中地上18层；拥有特色客房150间套；功能齐全的会议室6个，可同时容纳600人开会；有400平方米的自助餐厅，不同类型的大小豪华包间12个，可同时提供 800 人用餐和举办各类家宴；辟有专属休息区和商务洽谈区；地下停车场有 220 个停车位。

2015 年 5 月 16 日，江苏饭店正式营业。随着新大楼的建成，它迎来新的发展机遇，第二年即实现扭亏为盈，营业收入逐年增长。

2017 年，江苏饭店被全国旅游星级饭店评定委员会正式授予"四星级旅游饭店"荣誉称号，被江苏省国资委评为"省属企业信访维稳先进单位"，获"最佳中国精品文化酒店品牌奖""最佳婚礼主题酒店金樽奖"等至高荣誉。

2018 年，江苏饭店被中国金钥匙评为"中国服务示范企业"，荣获"金钥匙城市宴"奖项、"2016—2018 年度市级文明单位"称号，被授予文旅国际峰会"五洲钻石奖·年度文化主题特色酒店"荣誉称号。

2019 年，江苏饭店秉持以客人为本、以市场为先导、以产品为依托、以品质求生存、以品牌促发展等服务理念，其在漫长岁月中沉淀出的行业臻品得到有关方面的充分肯定，荣获"江苏省老字号"荣誉称号；携程网评分提升至 4.8 分并持续稳定，用实际行动践行中国金钥匙服务精神，给客人"满意 + 惊喜"的服务体验，以服务的初心和使命，打造优质产品和模式，树立中国酒店服务高水平、高品质的示范形象，荣膺"中国服务示范企业""中国服务优秀团队"；获评"江苏省国企党建'强基提质'提升工程优秀案例""省属企业信访维稳先进单位"；围绕"安全就是最大效益"的要求，加大对重点部门、重点部位的安全隐患排查和整改，严格落实安全管理"一岗双责"，荣获"南京市安全先进单位"荣誉称号。

证 书

江苏饭店有限公司：

被授予2016-2018年度市级文明单位称号，特发此证，以资鼓励。

南京市精神文明建设指导委员会
二〇一九年十月

兹认定：

江苏饭店有限公司

江苏饭店有限公司：

荣获 2018 年度安全管理先进单位，特发此状，以资鼓励。

南京市公安局
二〇一九年五月

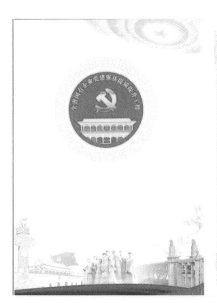

JiangSu
Time-honored
Brand
江苏老字号
32010020190001

2020 年，在钟山宾馆集团党委"红岭钟山"党建品牌引领下，江苏饭店积极探索"红色匠心"党建品牌，创建"六精细六匠心"党建子品牌，形成"一部门一特色"党建品牌矩阵，颇具影响。由江苏省党建学会、新华报业传媒集团主办，江苏党的生活杂志社编辑出版的《党的生活》2020 年 7 月刊登了《江苏饭店"红色匠心"最用心》一文，介绍江苏饭店在党建品牌建设工作中的经验做

法及成效。"聚焦民生实事、贴近职工所盼"，荣获"江苏省模范职工之家"荣誉称号。江苏饭店始终秉持"以人为本，宾客至上"的经营宗旨，以打造国内一流精品文化酒店品牌为己任，以满足顾客追求愉悦体验与物超所值的双向需求为导向，打造独特体验的产品，钻研酒店品质的呈现，荣获"五洲钻石奖·品牌精品特色酒店"荣誉称号。

荣誉证书

江苏饭店有限公司工会委员会

江苏省模范职工之家

江苏省总工会

二〇二〇年一月

战疫情 | 南京市生活必需品市场首批56家重点保供企业名单来啦!

南京商务

南京市生活必需品市场
首批重点保供企业名单

（排名不分先后）

序号	企业名称	经营类型
46	江苏饭店	餐饮企业

2021年,江苏饭店凭借在新冠疫情防控期间充分的物资保障能力及普惠民生的企业担当,充分发挥市场保供主体作用,价格稳、管控严、品种丰,入选"南京市抗击疫情生活必需品市场首批重点保供企业"。始终以培育和践行社会主义核心价值观为根本,将党建和经营发展相融合,各项文明创建与工作业务相结合,发挥党建引领,实施人文关怀,履行社会责任,喜获"2019—2021年度南京市文明单位""南京市2020—2021年度先进集体""南京市劳动关系和谐企业"和"五洲钻石奖·年度名饮美食酒店"等荣誉称号。以食为媒,传承"老字号"经典,"锦绣全家福""八宝葫芦鸭"喜获省餐饮行业协会"2021南京百道招牌菜"荣誉。所选派参赛的选手,以娴熟精湛的服务技能,先后在全省酒店职业技能竞赛及江苏省酒店行业服务员和厨师职业技能竞赛两个省级赛事中荣获多个奖项,硕果累累、载誉而归。

安乐酒店到江苏饭店

南京市精神文明建设指导委员会文件

宁文明委〔2021〕18号

★

关于通报表扬2019—2021年度南京市文明行业和南京市文明单位、文明社区、文明村镇、文明校园的通知

江北新区党工委宣传部和统战部、各区文明委、市文明委各成员单位、市各有关单位：

2019年以来，全市上下以习近平新时代中国特色社会主义思想为指导，深入学习贯彻党的十九大和十九届二中、三中、四中、五中、六中全会精神，紧紧围绕中央和省文明委部署要求，以培育和践行社会主义核心价值观为根本，扎实开展各类群众性精神文明创建活动，取得了较好成效，涌现出一批先进典型。

文旅系统（20个）

南京市文化和旅游局、中山陵园管理局、南京市玄武湖公园管理处、南京城墙保护管理中心、南京市艺术小学（南京小红花艺术团）、南京市石头城公园管理处（南京国防园）、南京市文化馆、金陵图书馆、南京市花卉公园管理处、南京市清凉山公园管理处、南京中国科举博物馆、南京固城湖旅游度假区运营管理有限公司、南京天生桥文化旅游发展有限公司、南京汤山旅游发展有限公司、江苏饭店有限公司、南京国资绿地金融中心有限公司绿地洲际酒店、南京金丝利酒店管理有限公司金丝利喜来登酒店、南京金陵状元楼大酒店有限公司、中青旅江苏国际旅行社有限公司、南京天丰大酒店有限责任公司

2022 年，江苏饭店按照标准化管理的要求，不断夯实安全生产基础，不断完善安全管理制度体系和安全生产长效机制，加强安全生产应急体系建设，巩固安全生产标准化创建成果，为生产经营顺畅运行创建安全稳定的发展环境，被授予"安全生产标准化三级企业"称号。2020—2022 年，江苏饭店共计减免房租 1338 万元，惠及 83 家服务业小微企业及个体工商户，中共中央宣传部"学习强国"学习平台上刊发《减免租金千万元！江苏饭店减租纾困显担当》及《新华日报》（要闻版）头条刊发《在稳经济大盘中当好"压舱石"》的系列报道，展现了江苏饭店坚决贯彻落实省委省政府关于统筹疫情防控与经济社会发展决策部署的国企担当；深入推进职工食堂标准化、精细化管理，着力在安全、卫生、质量、服务等方面下功夫，提升职工幸福感、满意度，荣获省属企业"职工好食堂"荣誉称号。

二、从赓续传承到融合创新

江苏饭店历史悠久，前身"安乐酒店"始建于 1928 年，迄今已有近 96 年历史。安乐酒店的粤菜非常出色，如美味的清蒸石斑鱼，蒸九分熟，肉不离骨，很好地保持了鱼肉的嫩滑鲜美；而片皮乳猪更是经典，八个字可以形容：满嘴余香，回味无穷。当时流行的淮扬菜、川菜等特色地方菜，酒店里也都有兼顾。

走进江苏饭店餐饮，被浓郁的江南风情环绕宽敞明亮的餐厅，典雅复古的民国特色包间映入眼帘，精致的吊灯洒下柔和的光线，营造出温馨舒适的用餐环境。江苏饭店拥有餐饮贵宾包厢 11 个，多功能厅及宴会厅 5 个，主推民国菜肴和养生菜肴，在包间中放置民国服饰，供客人试穿拍照、听民国曲、着民国装、尝民国菜，身临其境体验民国风情。

江苏饭店的餐饮团队由经验丰富、技艺精湛的大厨组成，秉持传统的烹饪技艺，不断创新，呈现出一道道美味佳肴。在食材的选择上，餐饮始终坚持严格的标准，只选用新鲜、优质的原料，确保每一道菜品都安全、美味。这里的菜品堪称一绝，充分展现了江苏菜系的精髓。淮扬菜——狮子头，肉质鲜嫩，肥而不腻，鲜香四溢，一口下去，满满的幸福感。金陵菜——盐水鸭，精选优质鸭种，皮白肉嫩、香鲜味美，是食客的必点佳肴。苏锡菜——松鼠桂鱼，形如松鼠，外脆里嫩，酸甜适口，风味独特。除了传统的名菜，江苏饭店餐饮还不断推陈出新，结合当下流行的饮食趋势，融入创新元素，打造出一系列令人惊艳的新菜品，给食客带来全新的味觉体验。

（一）传承类

【松鼠鳜鱼】

　　这是一道江苏传统名菜，历史有些久远，从创制至今已有两百余年。相传乾隆下江南，来到苏州河畔，见灶台上有一尾活蹦乱跳的鲤鱼，便指明要厨师做给他吃。欣闻皇帝驾到，厨师不敢有丝毫怠慢，不仅在口味上下功夫，而且将鱼烧成昂首翘尾的松鼠形状，乾隆吃后大加赞赏，"松鼠鱼"由此出名。江苏饭店大厨经过多年制作，不断创新，用鳜鱼为原料，在刀工处理上更象形松鼠，而在色泽、口味上亦有改进，色泽酱红，甜酸适口宜人，可谓色、香、味俱全，令人垂涎欲滴。

　　这道菜的烹饪之法稍许复杂，取鲜活鳜鱼去鳞腮洗净，砍去鱼头。沿着鱼背下刀，片出腹背两片鱼肉，但尾部不要断开，砍掉背脊和剔除肉片下腹部肋间大刺。将腹背两块大片鱼肉先横向斜角每间隔5～10厘米切片，鱼皮不切开。接着同样操作，竖向切开。鱼头从中间剖开，在背颈部用刀砸，使鱼头平开翘起。鱼肉用盐和料酒加姜丝抓腌约半小时，然后去掉姜丝，鱼肉均匀涂抹蛋黄，撒上玉米淀粉，反复两次。调甜酸汁待用。准备油锅，油烧至七八成热，将鱼下锅，鱼肉朝里，鱼皮朝外，鱼肉很快翻成花卷筒状。然后捞起冷却，再次入锅二次炸酥。最后将鱼头炸熟。起锅装盘。鱼身上面铺垫一些熟笋丁、香菇丁、虾仁、青豆。宽油热锅加入甜酸汁熬浓，趁热淋在鱼上。再用青豆给鱼装上眼睛，鱼身上撒一把熟松子即可。其造型逼真，口感宜人，为菜中极品。

【明月炖生敲】

　　"若论香酥醇厚味，金陵独擅炖生敲。"历代文人擅美食者甚众，许多美食经文人题咏后，其影响更广，身价倍高，上面所题则是著名学者吴白陶先生品尝炖生敲后的佳评。炖生敲是南京传统风味名菜之一，具有三百年以上的历史，清明前后品尝，尤其可谓时令菜肴。中国烹饪协会副主席、南京烹饪界巨擘、首批烹饪大师胡长龄先生即擅长烹制此菜，被誉为胡先生拿手的四大名菜之一。据传，梅兰芳先生每至南京演出，必品尝胡大师的这道名菜。

　　其烹饪步骤大致如下：首先将鳝鱼剖开去头，用刀尖沿脊背骨划开并去骨，用木棒敲打鳝鱼肉，改刀成6厘米长斜块，洗净沥干。蒜瓣去皮待用，生姜、葱分别洗净沥干。用刀在配料猪肋条肉上直剖几刀，再横切，片成鸡冠形。炒锅上火放油，烧至六成熟，将鳝鱼放入，炸至呈银灰色，起"芝麻花"即捞出，将蒜瓣放于油锅微炸，见色黄立即捞出沥油。砂锅置于火上，将鳝块、肉片、蒜瓣放入，加葱、姜、肉清汤旺火烧沸后，加酱油、绍酒、白糖继续炖至鳝块酥烂。炒锅上火，熟猪油烧热，放入葱、姜，炸出香味后捞出，将油倒入砂锅内即可。其特点酥烂香醇。

【蒲香狮子头】

　　一千四百余年前的隋朝，隋炀帝杨广来到扬州，饱览当地万松山、金钱墩、葵花岗等名景之后甚喜，回到住处，仍余兴未消。随即唤来御厨，让他们以扬州名景为题做几道菜。御厨们费尽心思，终于做出了"松鼠鳜鱼""金钱虾饼""葵花斩肉"这三道菜。杨广品尝后十分高兴，于是赐宴群臣。一时间淮扬佳肴，倾倒朝野。唐朝郇国公韦陟宴客，府中名厨也做了扬州的这几道名菜。当"葵花斩肉"端上桌时，只见用巨大肉圆做成的葵花心精美绝伦，有如雄狮之头。宾客们乘机劝酒道：郇国公半生戎马，战功彪炳，应佩狮子帅印。韦陟高兴地举杯一饮而尽，直言："为纪念今日盛会，葵花斩肉不如改为'狮子头'。"从此扬州狮子头流传江淮一带，成为淮扬名菜中的扛把子。今江苏饭店大厨经过多年研发，改进为蒲香狮子头，别有一番滋味。

　　先将五花肉去皮冷冻2小时后细切粗斩后放入盛器，加老抽、盐、料酒、鸡蛋、葱末、姜米拌匀，摔打上劲。开水下锅，调出红烧肉卤汁烧开。用湿淀粉把肉糜蒸出圆形，下入汤锅，烧开后盖上蒲包，文火炖3小时。捞出肉圆放入紫砂鼎中，烫熟菜心围边。用原汤调好口味，浇在狮子头上，点上热蜡即成。其特点是软糯浓香、肥而不腻。

【霸王别姬】

　　"霸王别姬"是江苏徐州地区的传统名菜。据《徐州文史》载，原名龙凤烩。项羽称霸王都彭城（徐州）举行开国大典时，备有"龙凤宴"以示庆贺，相传由虞姬亲自设计。"龙凤烩"即"龙凤宴"中的主菜，其用料有乌龟（龟属水族，龙系水族之长）与雉（雉属羽族，凤系羽族之长），故引申为龙凤相会，因而得名。现以甲鱼代龟、鸡代雉。经裴继洪烹饪名厨于1983年把"龙凤烩"易名为"霸王别姬"后，其深含形象的蕴意，使得这道菜更是名声大噪。江苏饭店大厨们经过多年研发，把在后厨内制作这一名菜的过程改为现场烹制，让客人充满体验感，故而深受食客欢迎。

　　这道菜的主料，选用600克左右的甲鱼。将其置入沸水中，放入葱姜、料酒去腥味。然后清水洗净，斩成大块摆放在盘中成甲鱼型。将剥去笋衣的冬笋洗净，切成块状，放入热水焯水，然后沥干备用。把生姜片、焯水后的冬笋与打成"米"字形的香菇、火腿片、小葱结、枸杞放入烧开的鸡清汤中，倒入卡式炉锅中。将洗净焯水的土鸡斩块放入盘中，拼摆成鸡的形状，将青菜心装盘成型，然后上桌。先下入鸡块烧开后再加甲鱼，加盖烧开，打去浮沫，焖5分钟，放入胡椒粉，即可食用。其味鲜香浓郁，实为滋补佳品。

【软兜鳝鱼】

淮安车桥名菜有软兜长鱼（即鳝鱼）。清光绪八年（1882），两江总督左宗棠视察淮河水患，驻节淮安城，淮安知府特意安排车桥的厨师做了一道软兜长鱼，左宗棠食后大为赞赏，并极力推荐。1904年，慈禧七十大寿，软兜长鱼则作为淮安府贡品之一进京恭贺。此菜也是梅兰芳大师的最爱，每至江南演出，必品之。江苏饭店大厨根据现代健康饮食需求，随着季节时令推出淮安软兜、韭香软兜、芦蒿软兜、蒲菜软兜供食客选择，可谓品种繁多，推陈出新。

烹饪方法之细节如下。分别将佐料姜、蒜、葱洗净待用。将锅内放入适量清水、粗盐、香醋、葱结、姜片，用旺火烧沸，迅速倒入鳝鱼，盖锅煮沸后再加入少量清水，焖约3分钟。将鳝鱼捞出洗净，取脊背肉一掐两断，放入沸水锅中烫后捞出。炒锅置旺火烧热，舀入熟猪油烧至七成热，投入蒜片炸香，放入鳝鱼脊背肉，加入料酒、味精、酱油，用水淀粉勾芡，烹入香醋少许，淋入适量熟猪油，颠锅装盘，撒上白胡椒粉即成。该道菜的特点，清鲜爽口，蒜香浓郁。

【大煮干丝】

　　清代乾隆皇帝六下江南，扬州地方官员敬献最高格的"九丝汤"以供品尝。"九丝汤"系用干丝外加火腿丝、笋丝、银鱼丝、木耳丝、口蘑丝、紫菜丝、蛋皮丝、鸡丝烹调而成，有时还外加海参丝、蛏干丝或燕窝丝。又因豆腐干本身滋味很薄，要想入味，必须借用滋味鲜醇的鸡汁，多种佐料的鲜香味经过烹调，复合到豆腐干丝里，吃起来爽口开胃，异常珍美，令人食之不厌。现今大煮干丝，由此发展而来，比之"九丝汤"，各有千秋，但前者更加亲民，为百姓所喜好。它以干丝、鸡丝为主，干丝洁白，外加鲜虾仁，缀以各种配料，称为什锦干丝，色彩美观，其味更鲜。"大煮干丝"刀工要求极为精细，"鸾刀若飞，应刃落俎，霍霍霏霏"，一块白干，厨师经加工可片成18片，切出的干丝不仅整齐、均匀，且粗细不能超过火柴杆。大煮干丝不仅誉满全国，且被国外来宾誉为"东亚名肴"。江苏饭店大厨们根据二十四节气养生食疗，春季推出春笋煮干丝，夏季推出炝干丝，秋季推出蟹粉煮干丝，冬季推出鸡火煮干丝，各有不同滋味。

　　将扬州白干切丝备用。另备佐料姜丝、木耳丝等。锅中放豆油和猪油热锅，放入姜丝爆香，下高汤煮开，然后下干丝、木耳丝等煮透装入盘中。虾仁滑炒，然后和熟鸡丝一起铺在干丝上即可。该道菜肴的特点，鲜烫嫩滑，入口绵香。

【盐水鸭】

明朝的南京就有这样的顺口溜: "古书院、琉璃塔,玄色缎子盐水鸭。"江苏饭店在制作过程中选用地产的白条鸭,用 50 年老卤泡制,做出皮白肉红骨头酥的金陵盐水鸭。大厨采用传承密法 "炒盐腌、清卤复,吹得干、焐得足",使口味更具本地特点。

将嫩光鸭用清水冲净滤干,分别用炒热的椒盐从翅下刀口处塞入鸭腹和擦遍鸭身,然后将鸭放入缸中腌制,时间长短据季节而定。取出挂在通风处吹干,用空心芦管插入鸭子肛门内,在翅窝下刀口处放入姜 1 片、葱结 1 个、八角 1 只。将鸭腿朝上、鸭头朝下放入锅内,置小火焐 20 分钟。将鸭拎起,倒出鸭腹内汤汁,滤干后放入锅内,灌入热汤,再放在小火上焐 20 分钟即成。冷却后装碟上桌。南京盐水鸭的特点是肉质细腻软嫩,咸淡相宜,余香满口。

【水晶肴肉】

相传数百年前，镇江酒海街有一家小酒店的店主买了四只猪蹄，准备过几天食用。因天热怕变质，便用盐加以腌制，但他误把家人为做鞭炮买的一包硝当作盐，直到三天后家人找硝时才发觉。揭开腌罐一看，不但肉质未变，反而腌得蹄肉硬结而香、色泽红润、蹄皮色白。为了去除硝的味道，一连用清水浸泡了多次，再经开水锅中焯水后捞出。接着，他又把猪蹄放入锅中，加葱、姜、花椒、茴香、桂皮用高温焖煮，本欲以此解除毒性和异味，孰料葱煮半个时辰后，却出现了一股异常的香味，入口一尝，滋味鲜美。此后，该店主就用此法制作"硝肉"，前来品尝的顾客也越来越多，不久就远近闻名。江苏饭店大厨研发出绿豆肴肉、西兰花肴肉，更有营养和特色。

主料为猪肘，配料则为姜丝。烹制方法，首先将姜洗净切片，葱去根须洗净切段。将猪前蹄膀洗净剔骨，皮朝下平放在案板上，分别用铁钎在瘦肉上戳一些小孔，洒上硝水，再用粗盐揉匀擦透，平放在缸内腌制。然后放冷水内浸泡8小时（夏天不泡），去掉涩味，再用温水漂洗干净。在锅内放入清水，加粗盐、白矾、用旺火烧沸，将猪蹄放入锅内，将葱姜袋和香料袋放入，加入料酒，盖上竹箅子，上放清洁重物压住蹄肉。前后用小火煮四五个小时出锅，将猪蹄平放于盆内，舀入原汤卤，淹满肉面，放阴凉处冷却凝冻，即成水晶肴蹄。上桌时，改刀装盘，佐以姜丝、香醋，味道更好。其特点是肥而不腻、入口即化。

【老南京素什锦】

　　每一种菜品都有它祝福的含义，黄豆芽形似如意，寓意事事如意。荠菜音似聚财，寓意招财。金针菜寓意花样年华，前程似锦。芹菜读音与勤快相近，取勤劳致富之意。薄千张寓意千秋百代，代代兴旺。十种菜在一起象征着十全十美，又因什锦菜是南京市民过年烹制，因此又称为"岁岁菜"。江苏饭店沿用传承工艺，精心制作，独具特色。

　　主料为十种素菜，包括芹菜、豆苗、菠菜、胡萝卜、莲藕、木耳、香菇、千张、油豆腐果、黄豆芽等。分别洗净，切成段或丝。将上述食材分别炒熟，放在大盆里。然后用麻油拌匀，放入冰箱冷藏，吃时盛适量入碟。"什锦菜"最大的特点，是爽脆润嫩、多姿多味、色佳味宜。

【素烧鸭】

传说康熙皇帝南巡，由文华殿大学士兼户部尚书张玉书伴驾，驻跸镇江金山寺行宫，召见官员查问治河情况，接受地方官员敬献的文房四宝、字画等珍玩。时值暮春，康熙帝饶有兴趣地品尝了京口江鲜鲥鱼，观看了当地艺人的演出。午后天公作美，又下起了绵绵细雨，让他看到了金山"细雨飞来箭发弦，江波接上势如连"的胜景。于是康熙帝诗兴大发，与张玉书对诗为乐。康熙帝就金山雨景赋出上联："半天微雨，千珠万点，细落长江大河，即通江之广、湖之广、海之广，成遍四渎，登风楼看五百名山，观天观地观明月，洪开宇宙。"张玉书接下联句："一介书生，七魁八秀，胸藏骏业鸿猷，始中解之元、会之元、状之元，联捷三元，赴瀛洲同十八学士，安国安邦安神稷，世代功勋。"两句对接是珠联璧合、文辞典雅，又联想丰富、寓意深刻，彰显出君臣二人的诗才与功力，为金山名刹增添了声色和光彩。康熙帝听完张玉书对句后大喜，即命摆宴，君臣同乐。

岂料，康熙帝一时高兴，心血来潮，晚宴时想换换口味，竟然点了一道烤鸭。这下可难坏了金山寺方丈，寺庙茹素，况且烤鸭是京城名肴，镇江城哪有呢？方丈带着满腹疑惑向张玉书求助。张玉书听后，稍加思索，便笑着对方丈说："别急，别急，荤的烤鸭不能做，不妨来道素烧鸭如何？"方丈听罢，随即安排佛印居素膳斋僧掌厨，创制一道冷碟素烧鸭。掌勺僧灵机一动，想出了创制素烧鸭的方法，立马搜搜刮刮，从膳房内找来豆腐皮、香菇、冬笋、金针菜等食材，又秘制了素烧鸭调料，做成了一道美味佳肴。素烧鸭刚一上桌，康熙帝便眼前一亮，张玉书忙上前奏道："这是一道金山寺独创的看家素肴素烧鸭，以豆腐皮、香菇、冬笋、金针菜等食材为主料，色、香、味、形如同烤鸭一般，豆腐皮清热润肺，香菇能延年益寿，对圣上龙体有益。"康熙帝迫不及待地尝了一口，连声称赞味美形也美，不一会便将一碟素烧鸭吃了个精光，膳后还奖赏了佛印居的膳斋掌勺和尚。

后来，金山寺佛印居独创的素烧鸭烹制技艺便传到了民间，江苏饭店有位大厨特地去学习素斋并仿照制作，经过多年改进，如今这道菜更有特点。

主料即为普通的豆腐皮，配料则是笋丝、雪菜。将锅内热油，六成热下入八角、桂皮煸香，加水煮开，再入糖、鸡精、生抽和少许盐稍煮即成汤汁。将豆腐皮浸入汤汁中约10分钟，捞出后包入炒好的雪菜笋丝，卷成长条状并用手压扁，用重物压实4小时。取平底锅放入少量油，将豆腐皮卷放入煎至两面金黄后盛出，置于盘中，浇上原汤汁。入蒸锅蒸20分钟后取出，待凉后斜切成块即可。特点是软润劲道，食之可口。

【汤圆】

　　汤圆起源于宋朝，当时明州（现为浙江宁波）兴起吃一种新奇的食品，即用黑芝麻、白砂糖为原料，首先把黑芝麻磨制成粉状，然后放入猪油、白砂糖混合后揉成团做馅，外面用糯米粉搓成圆形，煮熟后，吃起来香甜可口。

　　汤圆是汉族传统小吃的代表之一，在江南尤盛，民间有"吃了汤圆大一岁"之说。陈志岁的《汤圆》诗云："年年冬至家家煮，一岁潜添晓得无？"甬地俗语云："宁波家家捣米做汤圆，知足常乐又一天。"胡秉言也有诗曰："香泽糯米做汤圆，沸水飘银富贵咸。入口绵甜滑润爽，阖家欢乐醉天年。""宁波汤圆"是一种用糯米粉制成的圆形甜品，"圆"寓意"团圆""圆满"，节庆时吃汤圆，象征家庭和谐、吉祥，故而汤圆又叫"浮元子"。汤圆是江苏饭店自助早餐每日必上的点心，为客人所喜食。特点是软糯细滑，食之温润甜蜜。

　　汤圆的馅料有多种，最常见的是豆沙馅、芝麻馅以及猪肉馅和荠菜馅，所谓"四喜汤团"，荤素搭配，咸甜皆有。

（二）创新类

【蛋烧卖】

抗战胜利后，白崇禧在安乐酒店宴请抗日将官，安乐酒店大厨在制作蛋饺的基础上加以改进，把蛋饺做成烧卖形状。白崇禧见这色彩鲜艳、香味软糯的烧卖，连声称好，大为赞赏，并向多人推荐。其后，大厨们又不断改进，把蛋烧卖内芯包裹了虾仁、笋丁、马蹄、胡萝卜以及其他配料，再用鸡汁、生粉、鸭油调制的卤汁勾芡，浇在烧卖上，外面用绿色蔬菜系一条扎带，红、黄、绿、黑相间，颜色喜人，食之软糯鲜香。

具体做法，先将鸡蛋煎成蛋皮。然后将虾仁、笋丁、香菇改刀成粒状，加工炒制成馅心。将馅心放入蛋皮中包裹起来，制成烧卖状，用香葱封口。上笼蒸热，取出用清鸡汤勾芡装盘上桌即可。

【 瓢儿鸽蛋 】

"二战"结束后，马歇尔将军奉美国总统杜鲁门之命出使中国。一次，宋美龄宴请马歇尔，专门点了特色菜"嫩鸽蛋"。菜一上桌，马歇尔急忙品尝，味道极为鲜美，连声称赞。

该道菜品的制作，较为讲究。先将鸽蛋放入清水中小火煮熟待用。将虾仁洗净沥干，水冬菇去蒂，绿菜叶洗净。将虾仁斩茸放入碗内，然后将鸡蛋清打成发蛋倒入，加料酒、精盐、味精、干淀粉搅拌。取汤匙16只，匙内涂上一层清猪油，将虾缔均匀摊在汤匙内并抹平。用刀将鸽蛋一切两片，蛋黄朝下放在虾缔中间。将冬菇、火腿、菜叶用刀切成菱形小片，贴在鸽蛋前面，火腿居中，绿菜叶、冬菇分放两边成山形。然后将汤匙放入笼内用旺火蒸约1分钟取出，脱掉汤匙，装入盘内排齐。炒锅上火，舀入熟猪油烧热，舀入鸡清汤，加佐料烧沸，用湿淀粉勾芡，再淋入熟猪油起锅，均匀浇在瓢儿鸽蛋上即成。其特点形色兼具，软糯鲜滑，味道极美。

【酒凝金腿】

　　浙江金华火腿闻名于世，而鲁迅是绍兴人，早年家境尚可，故幼时应该吃过火腿，那鲜美的滋味绝对印象深刻。1898 年，鲁迅离开家乡到南京求学，先入江南水师学堂，后考入江南陆师学堂附设的矿务学堂。课余，他曾上馆子开洋荤，有幸品尝这道经典名菜，因其诱人食欲，食后难忘，时常与友人提起。

　　首先将配料荸荠洗净削皮，在四周竖切成锯齿形，再拦腰剖开，成 12 朵花，放入盘内。将带皮火腿切成长方形薄片，扣入碗中，加入绍酒、清水、姜片和葱上笼蒸 30 分钟取出。沥去水，再加绍酒、白糖再蒸 30 分钟取出，扣入盘中。在荸荠花的中心点上火腿末，平放入盘，撒上白糖，上笼蒸 2 分钟即可，将荸荠花围在火腿一周。炒锅上火，放熟猪油烧热，再加白糖，将蒸火腿的原汁倒入锅中，待糖起黏时离火，均匀浇在火腿和荸荠上即成。其特点色红白，香醇厚，味甜咸，形素雅。

【鲃肺汤】

"鲃肺汤"原名"斑肺汤"。20世纪20年代，一年中秋佳节，著名书法家、国民党元老于右任先生携夫人到太湖游玩赏桂，归途中路过木渎，到镇上石家饭店用餐。为了招待于先生，店家特地做了道鲃肺。没想到于先生食后对此汤情有独钟，赞不绝口，即兴挥毫写下诗句"老桂开花天下香，看花走遍太湖旁。归舟木渎犹堪记，多谢石家鲃肺汤"。其后，他在安乐酒店招待贵宾时，特地要求店家大厨去学习此菜，故而一直保留至今。

将宰杀好的河豚焯水。锅中放入豆油、猪油、鸡油烧热，再放入生姜、葱煸香，随后放入改好刀的河豚肝熬至金黄。放入河豚两面煎一下，倒入开水大火烧5分钟至汤浓白。然后改中火烧15分钟，再放入河豚皮继续烧5分钟。放入盐、鸡精、糖、胡椒粉，烧开装盘即可。这道菜的特点，鲜、香、嫩、滑，口感上佳。

【 梁溪脆鳝 】

　　脆鳝亦名甜鳝,相传始创于一百多年前的太平天国时期,至清末民初已为筵席大菜。1920年后,开设在惠山的"二泉园"店主朱秉心对家传脆鳝制法悉心研究,使之愈加爽酥、鲜美、极具特色,远近闻名。因朱秉心习惯于戴着大眼镜做菜,因此人们又称此菜为"大眼镜脆鳝"。梁溪脆鳝,又名无锡脆鳝,江苏鳝肴地方传统名菜,属苏菜系无锡菜。安乐酒店大厨学得此菜精髓,又经多年改进,更具特色。

　　将鳝鱼放入开水锅中,加入盐和醋,煮3分钟捞出冲凉。然后划成鳝丝,剔除鳝骨,洗净沥干,拍生粉,入油锅中高温炸至酥脆。锅中放少许油,加入葱姜末煸香,加入盐、糖、醋、料酒调好酱汁。倒入炸好的鳝丝翻几下,计酱汁裹匀。出锅装盘,撒上姜丝作点缀。特点就三个字,香脆酥。

【少帅坛香肉】

　　"少帅坛子肉"实为红烧肉，是张学良钟爱的一道菜。一次张学良前往安乐酒店赴宴，满桌美食尝遍，只对香气袭人的一道红烧肉情有独钟，赞曰"看似无甚其特，食之不同凡响"，席后回家还深有回味。经过多年不断改进，大厨们把陶瓷坛改用紫砂坛盛之，其味更香醇正。

　　首先将水烧开，放入姜片，整块五花肉焯水，除却腥膻味和红血丝；然后捞出，放入托盘加重物压实。将冷透的五花肉切成四方小块，炒锅上火烧热，放入植物油，将五花肉入锅，中火煸炒至冒油，倒入漏勺中控油。在土砂锅中放入葱姜和肉块，倒入熬好的糖汁和熬制好的红烧汁。大火煮沸，再转文火慢炖，其间不停翻滚，加入香料与盐，使得入味均匀。烧好后用加热鼎装入，淋上肉汁即可。特点是肥而不腻，酥烂油润，口感甚佳，老少咸宜。

【虾子大乌参】

虾子大乌参，始于 20 世纪 20 年代末。安乐酒店大厨将海参水发后，加笋片、浓鲜汤调味，制成"红烧海参"，很快大受食客欢迎，成为一道新的名菜。其后，厨师们考虑到海参虽富含营养，但自身鲜味不足，需用浓汤勾芡。于是别出新格，选择鲜味一绝的干虾子作配料，使海参口味更鲜，从此"虾子大乌参"备受欢迎。民国时期，鲁迅、白杨、周信芳等诸多名人都在安乐酒店品尝过这道珍馔。

烹饪的第一步，将炒锅置中火上，放入熟猪油，烧至五六成热，放入葱结炸出香味。继而将炒锅置旺火上烧热，入热豆油至八成熟，将大乌参皮朝上放在漏勺里，浸入油锅，并用漏勺轻轻抖动，炸到爆裂声减弱时，捞出沥油。把锅内热油大部倒出，留余油 5 克，放入大乌参，再加入绍酒、酱油、炒肉卤、白糖、干虾籽、肉清汤，用小火烧开，再改大火，用漏勺捞出大乌参，皮朝上平放在长盆里，锅里卤汁加入味精，用湿淀粉勾芡，撒入葱搅拌后，将卤汁浇在大乌参上即成。其特点是软糯绵滑，营养丰富。

【老南京全家福】

清光绪二十二年（1896），李鸿章访问美国时，在使馆宴请宾客。因中国菜可口，连吃几个小时，宾客仍未下席。此时，主菜已用完，厨师只得将做菜剩下的边角料混在一起煮熟，凑成一道菜。宾客尝后连声叫好，并问菜名，李鸿章答："好吃多吃！"岂料"好吃多吃"与英语杂烩发音相近，后来此菜便被命名为"李鸿章杂烩"。经过一百多年改良，江苏饭店大厨们在传统的工艺上加以改进，增加食材，精心烹制成今天的"全家福"。

首先把白菜、豆芽分别用油煸炒至六成熟，放入砂锅。把蛋饺、火腿、香菇、皮肚、鹌鹑蛋、小网鲍、冬笋等整齐摆放在砂锅里，中间放上鲍鱼。用高汤调好口味倒入砂锅中，浸过食材。然后大火烧开，小火炖15分钟，撒上胡椒粉即可。食之，口感多滋，鲜美无比。

【口蘑锅巴】

20世纪30年代初，陈果夫兼任江苏省政府主席，他亦很注重饮食菜肴，认为中国菜讲究色、香、味、形，但缺少"声"。虽然满足了食客的视觉、嗅觉和味觉，但还缺少对听觉的满足。一次在安乐酒店宴请时，他把想法告诉了经理。随后，大厨们紧急研究，在油炸过的锅巴上再覆盖用肉片、虾仁、海参和其他作料制成的滚烫的三鲜汤，这样就色、香、味、声、形俱全，并取名为"天下第一响"。

首先将口蘑、香菇、西红柿切块，小菜心切条。将净瘦肉切片上浆，走油锅备用。锅上火后倒油，下葱丝炒出香味，放入口蘑、香菇、西红柿、小菜心煸炒至六成熟，下高汤调口，淋入湿芡粉，撒上少许胡椒粉，倒入碗中。锅上火，倒入食用油，待油温达到九成热时，下入锅巴，膨胀后及时捞起，放入鲍翅盘中。迅速把锅巴及口蘑汤送上桌，当着食客面，把口蘑汤淋在锅巴上，听到滋啦一声即可。特点，香脆酥糯，口感上佳。

【袁氏八宝鸭】

袁世凯曾任中华民国大总统，他对美食很有讲究。他最喜欢的一道菜就是清蒸鸭子，这道菜与慈禧爱吃的清炖鸭子同出一辙。清蒸鸭子所用的鸭子非常有讲究，其喂养的饲料是用非常名贵的鹿茸捣碎，再拌上高粱。

袁氏蒸鸭和慈禧的清炖肥鸭都有一个共同特点，就是皮特别好吃，这也是袁世凯最爱吃的部分，蒸熟之后，这个鸭皮可用筷子直接卷下来吃。袁世凯爱吃的这道菜，实际上就是清代一道叫作"糯米鸭子"的宫廷名菜。后来安乐酒店大厨经过不断改进，制作成"八宝鸭子"，此菜被评为"2021南京百道招牌菜"之一。

整只麻鸭去毛洗净，整鸭去骨，放入葱姜水浸泡30分钟捞出待用。炒锅上火，放入葱姜和五花肉、香菇、冬笋煸香，放入上汤、莲子、火腿、瑶柱，加料酒、生抽、老抽、盐味糖，调好口味，小火烹煮。把煮好的卤汁倒入蒸好的糯米饭里，加入松子、葱花，搅拌均匀。再把制作好的八宝馅心，从颈部灌入处理好的鸭胚中，用稻草扎起封口，做成葫芦形状。炒锅上火烧水，烧开后放入葫芦鸭胚，烫1分钟捞出，抹上酱油。炒锅再放入色拉油烧至7成热，下入鸭胚炸脆上色。再放入调制好的卤汁里小火慢炖，烧至鸭肉酥烂而不失其形。捞出装盘，大火收汁，浇在鸭上即可。其特点是造型优美，深含寓意；口味浓郁、咸鲜回甜。

【 清汤炖鸡孚 】

　　炖鸡孚是南京地区脍炙人口的地方传统名肴，属于京苏大菜。此菜采用传统的清炖方法烹制而成，汤汁清澄、醇厚，入口酥烂，味美可口。著名学者胡小石生前嗜此菜，每宴客必备之。谓其"鸡香肉鲜质酥烂，清汤味醇色洁白"。

　　先将香菇去蒂洗净，葱姜分别洗净切成末，熟火腿切片。将猪肉切细剁成米粒状，加葱末、姜末、精盐少许拌匀。用刀在鸡肉上轻轻排剁一次，再将肉茸均匀平铺在鸡肉上。仍用刀在肉茸上横竖交叉剁两遍，使猪肉、鸡肉相合，再将鸡肉切成边长 3 厘米的菱形块。将鸡蛋清倒入盘中，搅打成蛋泡糊，加干淀粉拌匀，再将鸡肉块放入蛋泡糊中。炒锅置旺火烧热，放入熟猪油烧至五成热，将鸡块分次逐块放入，炸约 1 分钟，使鸡块稍起软壳，呈白色，用漏勺捞出沥油。放入炒锅内，加鸡清汤、火腿片、黄酒、精盐少量，盖锅用旺火烧沸，再用文火焖约 25 分钟，待鸡肉酥烂，放入香菇，再焖 5 分钟即成。

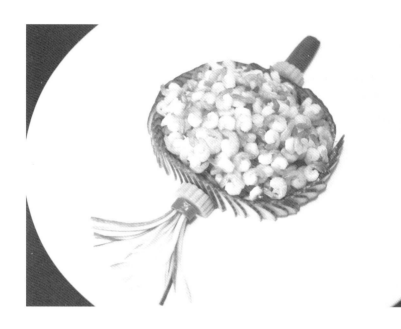

【凤尾虾】

　　南京传统菜肴之一，亦是京苏大菜的代表之一，与松鼠鱼、蛋烧卖、美人肝并称为"四大名菜"。清末民初南京学者张通之撰写的《白门食谱》中记载："至凤尾虾之作法，系虾之上半去壳，下半仍留，炒熟时，上白而下红，宛如凤尾。"江苏饭店大厨们在此菜里加上新鲜的雨花茶汁，创新为雨花凤尾虾，更具特色。

　　葱白洗净，切成小段。将豌豆放入沸水锅内烫至翠绿后取出，倒入冷水中浸凉。将虾去头、壳，留尾壳，洗净沥干放入碗内，加入鸡蛋清、精盐少许、干淀粉，搅拌均匀。将锅置旺火上烧热，舀入熟鸭油烧至五成热，将虾放入，待虾肉呈白色，尾壳变鲜红色时，倒入漏勺沥油。将锅置旺火上，加鸭油，放入葱段、豌豆翻炒，舀入鸡清汤，加精盐少许、黄酒、味精，用水淀粉勾芡。当烧成乳白汁后，再将虾倒入，一边翻锅一边淋入熟鸭油，随后盛入盘内即成。这道菜的特点是爽脆滑嫩、鲜美入口。

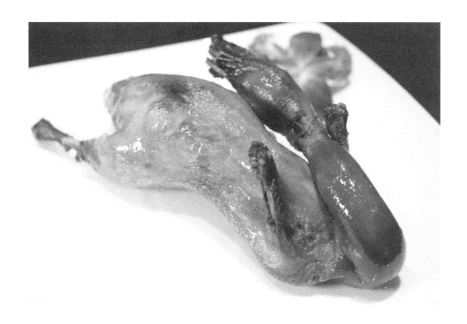

【香酥大鸭】

香酥鸭实际上是一道江苏、四川以及湖南等地的传统名菜，且在川菜、苏菜以及湘菜中保存至今。这道菜色泽红亮，吃起来皮脆肉酥。江苏饭店把金陵叉烤鸭与香酥鸭的特点相结合，用葱白、甜面酱、番茄酱搭配，更受食客欢迎。

将净鸭斩去翅尖、爪，洗净控水，用五香粉、绍酒、川盐涂抹鸭身内外，置盆内浸渍 40 分钟。然后取出置大蒸碗内，再将姜拍松、葱挽结，花椒放入，上笼蒸。炒锅置旺火上，下菜油烧至八成热，放入鸭子炸至皮酥呈金黄色时捞起，分部位砍成条，按鸭形摆盘，刷上麻油，与葱酱味碟同时上桌。特点，酥软爽口，酥而不油。

【四喜蒸饺】

民国时期赫赫有名的"金陵春中西餐馆"是南京最早出现主理西餐的饭店，俗称"番菜馆"，同时亦善做京苏大菜。1934 年秋末冬初，胡长龄大师在此掌厨。少帅张学良在此宴请当时名流邵力子、于右任、吴稚晖等人，订了四桌"燕翅双烤席"，由胡大师亲自掌勺。这套筵席菜单中有两道点心就是"四喜蒸饺"和"萝卜丝酥饼"。在当时，这两道点心是高档筵席中的常备之品。江苏饭店大厨学得胡长龄大师这一绝技，隆重推出，不同凡响。

主料为面粉、猪肉，配料有火腿、蛋黄糕、香菇、青菜等。烹制方法，用开水烫面，擀出面皮，包肉馅做成如图形状，点缀四种颜色，上笼蒸熟即可。特点是造型美观、软糯鲜香。

【城南熏鱼】

　　老城南的熏鱼技术源于"绍嗣鱼坊"的独门绝活，其来历极富传奇。绍嗣曾是某官宦家厨，由于家庭变故，他便隐姓埋名在老城南一条巷开了一家"绍嗣鱼坊"。由于一直现来现炸，口味独特，生意越做越好。一条青鱼经过多道工序处理，油炸后趁热泡入熏鱼卤，外香里嫩，鲜酥可口，甜咸兼有，香味浓郁，让众人拍手叫绝。江苏饭店的大厨大多居住城南一带，把民间制作工艺与现代口味相结合，所制作出的熏鱼更有"味道"。

　　选用大青鱼去头去尾，然后将青鱼一改四从中间片开，改刀成块洗净，倒入少许一品鲜拌匀，油锅七成热，将鱼块逐一下锅炸制定型，至外酥里嫩，捞出后泡在酥鱼卤内2分钟即可，捞出装盘。特点是小酸大甜复合味，酥嫩爽口。

总统府

历史一页中盛衰沉浮的往事追忆

历史一页中盛衰浮沉的往事追忆

一、中央大学教授黄侃赴约安乐酒店

民国时期的大学教授，收入相当高，除了薪资还有额外稿酬，故而特喜聚众宴饮，所以，品评美食是他们的一大嗜好。翻检相关人物的日记和回忆录，书中有不少关于赴宴的内容。看来，吃，是天性，会吃，虽是后知后觉，但吃的次数多了，自然食之有味，成了资深吃货。

安乐酒店有这么好的美食，怎能少得了国学大师、中央大学教授黄侃的身影？若是缺少了这位大学者的光顾，貌似安乐酒店就配不上京城一流餐馆的名头。于右任就曾宴请过他，在黄侃的日记中有载：

> 1928年9月3日，"至安乐酒店赴右任之招，晤李审言先生、刘无量、刘禺生、黄立猷（毅侯）、林少和及他客数人"。

看看在座的宾客都是何方神圣？李审言（1859—1931），名详，字审言。江苏兴化人。国学大师，"扬州学派"后期代表人物。1923年受聘国立东南大学国文系教授。1928年与陈垣、鲁迅、胡适等12人同被聘为中央研究院特约著述员。刘无量，不知其人为何，是否名字有误？刘禺生（1876—1952），即刘成禺。祖籍湖北武昌，生于广东番禺。辛亥革命元老。1903年加入兴中会。

武昌起义爆发后回国。中华民国临时参议院议员。孙中山大元帅府顾问、大本营参议。黄立猷（1885—1929），字毅侯。清末民初金石收藏家、藏书家。早年东渡扶桑攻读农业，曾任直隶高等农业学堂校长。1929年遇刺身亡。至于林少和，同样查不到半点信息。因是于右任请客，黄侃与之或许不熟，是否记忆有误，名字搞错？

> 1932年12月25日，"洗沐甫竟，鼎丞来，同赴安乐酒店，座有溥泉、觉生、刘守中、罗家伦"。

几位嘉宾来头都不小，丁惟汾（1874—1954）字鼎丞、张继（1882—1947）字溥泉、居正（1876—1951）字觉生，皆为国民党元老。丁惟汾为山东日照人。同盟会创始人之一。中华民国建立后，当选为众议院议员，参与了国民党党纲、总章的草拟。张继是河北沧县人，1905年加入同盟会。国会第一届参议会议长，国民政府司法院副院长。居正乃湖北广济人，1905年加入中国同盟会，策动武昌起义。南京临时政府成立后任内政部次长，参与《中华民国临时约法》的制定。南京国民政府成立后任司法院院长。

刘守中（1881—1941），字允丞。陕西富平人。1909年加入同盟会。武昌起义爆发后于陕西响应。先后任国民党中央执委、国

居正

张继

罗家伦

《瓜蒂庵小品》书影

民政府委员、中央政治会议委员。

罗家伦（1897—1969），浙江绍兴人。毕业于北京大学，五四学生运动的重要代表之一。曾任清华大学校长，是时为中央大学校长。

这样的一桌人吃饭，绝对高规格，酒一定少不了，且黄侃多半喝醉。他是真的嗜酒，至于酒量如何，不得而知。

谢国桢教授在他的《三吴回忆录》中曾写到1933年在安乐酒店陪黄侃饮酒谈天，更是学林雅事："前辈当中我最佩服的是黄季刚（黄侃）、吴瞿安（吴梅）两先生。黄先生素来是好骂人的，但是对于后辈则极为奖借，他时常到教习房来与我谈天。黄先生喜欢谈话，是滔滔不绝的。有一天他本来到

学校上课，可是与我谈久了，竟把上课时间忘掉；一直谈到傍晚，他便叫我约他一同到花牌楼安乐酒店去喝酒去，黄先生喝了几杯水酒以后，他的谈锋更犀利了，说了许多平生治学问的门径和遇到的人物，我真感觉到获益不少。"

谢国桢（1901—1982），字刚主，晚号瓜蒂庵主。河南安阳人。著名历史学家、文献学家、版本目录学家、金石学家、藏书家，且嗜诗词书法。1926年考取清华学校研究院国学门，师从梁启超、王国维诸先生。曾于国立北平图书馆、国立中央大学、云南大学任职和执教。一生在明清史、文献学、金石学和汉代社会等领域取得骄人业绩，撰有《明季奴变考》《清初东北流人考》《南明史略》

柳诒徵

《清开国史料考》《晚明史籍考》《明清之际党社运动考》等重要
著作和大量论文。

　　谢国桢的《瓜蒂庵小品》一书，专记现代学人逸闻轶事，读来
十分精彩。他曾数次来南京，书中有载其一二。早年，他从上海乘
火车，到了南京后直趋位于龙蟠里的国学图书馆。可能是事先联系
过，有工作人员接待他并引至后院一间房子居住。当晚，著名学者、
馆长柳诒徵来见并与之交谈，介绍了这里的历史及藏书。嗣后，他
特意在善本室为谢国桢辟了一个座位，以便可以安心阅读古籍，这
令其十分感动。前辈的关怀，如春雨润物。

　　黄侃（1886—1935），初名乔鼐，后更名乔馨，最后改为侃，
字季刚。湖北蕲春人。著名语言文字学家、音韵训诂学家。

　　1903 年考入武昌文华普通中学堂，在校即与同乡田桐、董必武
及宋教仁等同学宣传革命思想，被开除学籍。1905 年前后在《民报》
上发表《哀贫民》《论立宪党人与中国国民道德前途之关系》等文章，
针砭时弊，宣扬革命思潮，引起很大反响。

黄侃

1905 年留学日本，在东京师事章太炎，受小学、经学，为章门大弟子。后来成为一名革命党人，积极参加反清运动。回国后在北京大学任教，拜刘师培为师，研究经学。1908 年重回蕲春定居，开始早期的学术与革命活动。鉴于湖南运动落败，他开始深入鄂皖边孝义会中发动群众，并将其改组为"崇汉会"，到农民群众中组织演讲宣传民族大义，号召人民国难当头，奋起革命，成为当地著名的群众领袖。他的足迹遍及鄂东皖西大别山区的六个郊县。辛亥革命后放弃从政，开始深研学术，先后在中央大学、金陵大学、山西大学等任教授。

作为国学大师，黄侃的学问大脾气也大，可谓"黄以国学名海内，亦以骂人名海内"。但恃才傲物、狂狷名士并非其全貌，惟对学术之虔诚与尊敬，才是他性情的根本。他治学勤奋，以愚自处，主张"为学务精"、"宏通严谨"。重视师承，但不墨守陈说，常以"刻苦为人，殷勤传学"自警。虽是名声赫赫的大学者，且身体虚弱，仍致力学术而不倦，"惟以观天下书未遍，不得妄下雌黄"，其"五十岁前不著书"的名言，为世人所称道。所治文字、声韵、训诂之学，远绍汉唐，近承乾嘉，多有创见，自成一家，成果甚丰。惜乎，天不假年，英年早逝，于 1935 年月 10 月 8 日殁于南京，不足 50 岁。其著述经后人整理出版，其中《黄侃手批十三经》和《文心雕龙札记》至今仍被奉为研究典范。其重要著作还有《音略》《说文略说》《尔雅略说》《集韵声类表》《日知录校记》《黄侃论学杂著》等数十种。

鸡鸣寺旧影

　　文人多诗酒风流，黄侃居南京时，鸡鸣寺、北极阁、玄武湖等处是他每每驻足遐想之地，他在日记中留下大段描绘南京景色的绝妙文字。黄侃常与金陵大学、中央大学的诸教授登高望远，饮酒赋诗，当时在这两所大学中文系任教的先生都兼擅学术文辞。1929年元旦，新的一年更始，黄侃与陈伯弢、王伯沆、胡翔冬、胡小石、汪辟疆、王晓湘六名教授来到城中六朝胜迹鸡鸣寺内的豁蒙楼聚会。

　　豁蒙楼为鸡鸣寺最高处，1902年冬，署理两江总督张之洞为纪念他的得意门生杨锐，特修建此楼。杨锐是戊戌变法中罹难的"六君子"之一，中日甲午（1894）战争前后，杨锐有感于时局，满怀忧愤，常常吟咏杜甫《八哀诗·赠秘书监江夏李公邕》篇中的名句："君臣尚论兵，将帅接燕蓟。朗吟六公篇，忧来豁蒙蔽。"《八哀诗》是杜甫组诗名篇，怀念八位故人。张之洞建此楼，并以"豁蒙"为名，寓有怀念故人之意。

　　他们一时兴起，意欲作诗，却苦于没带笔墨，便找鸡鸣寺僧尼讨得一支破笔，在两张毛边纸上挥毫泼墨，每人四句，联成一诗，题为《豁蒙楼联句》，此为南雍佳话、金陵掌故。

　　后人整理的《黄侃日记》中记载，他有七大好，其中就有钟爱美食和嗜酒如命，而后者似乎就是导致他病逝的祸根。若言前者，

张之洞

记载甚多，隔三岔五就在外小聚，不是他做东，就是别人邀约；至于喜贪杯之物，则更为典型。以1928年11月为例，8日"晚痛饮于教育馆"；9日"饮于大中华馆"；12日"予醉甚"；13日"夜大醉"；14日"午归，大醉"；15日"午大醉"、"焯请食于教育馆，又致醉"；17日"午醉"；19日"予大醉"；21日"饮教育馆"；22日，午"大醉"；23日"午醉卧"；27日"午醉卧"；29日"饮荠僧房"。仅一个月就在外饮酒达13次，并多为醉状。

黄侃曾言，"一手持蟹螯，一手持酒杯，

便足了一生"。他去世前一日还于"午后与子、女、甥、婿等散步至鸡鸣寺"，剥蟹赏菊。后感腹部不适，实为胃中血管破裂，潜伏未觉，仍不能止酒，逾一日救治无效而长逝，哀哉！

二、新闻界著名人物戈公振在安乐酒店演讲

1928年12月14日下午2时，戈公振乘坐"长崎丸"号从日本回国到达上海，社会局长潘公展，各报记者20余人在汇山码头欢迎。戈公振和来者一一握手寒暄并合影，随后驰往青年会下榻，挚友前往会晤。晚7时，青年会会员会餐，欢迎戈公振。

1929年1月1日，戈公振来到首都南京，陪同邵力子等参加国民政府元旦阅兵典礼。

南京国民政府成立的22年间，一共举办过8次首都阅兵，分别是1927年4月定都南京阅兵、同年7月北伐一周年阅兵、1928年10月双十阅兵、1929年1月元旦阅兵、同年10月双十阅兵、1931年1月元旦阅兵、同年5月国民会议阅兵和10月双十阅兵。当天是第四次组织阅兵。阅兵前两次在小营，此后均在大校场（即飞机场）举行。确定检阅地点后派专员搭建阅兵台和观礼台，并由首都宪兵负责警戒。

阅兵过程持续30分钟左右，待分列式完毕、各部队返回原位后，蒋介石再次与阅兵台上各军政要员和外宾握手为礼。之后，参阅部队及社会团体民众齐聚台前，由蒋介石开始为时约30分钟的讲话。随后整个阅

兵仪式宣告结束。

参阅部队以步兵为主,辅以小规模的骑、炮、工等兵种,包括就近调集的野战部队和临时编组的暂编部队两种。而从当年元旦阅兵开始,陆军航空队也参加检阅,并在进行"检阅式"前飞过阅兵台,撒放彩纸,南京城外的炮台随即鸣放礼炮,以增添阅兵氛围。此后自1931年1月的元旦阅兵开始,坦克部队第一次加入受阅阵容。

2日,戈公振应王公弢(一作公韬,浙江钱塘人。于南京创办《朝报》)、叶德真(《大公报》副社长)之邀,在南京鸡鸣寺豁蒙楼演讲《各国新闻纸之趋势及我国报界应取之方向暨新闻记者应有之学识》。到会者三十余人。

当晚,应沪报驻京(南京)记者联合会负责人葛润斋(曾任《上海日报》驻京记者)之邀,戈公振在南京安乐酒店作《新闻记者联合之必要》演说。他滔滔不绝,直抒己见,强调联合的必要性,称将有助于新闻业的发展。最后希望同业能够相互磋磨,不断提升自己的业务水平,做好新闻报道,以真实和快速将消息传递给读者,赢得尊敬,提高新闻记者的地位。

有关上海各报驻京(南京)记者公会,成立于1928年12月,选举俞树云、葛润斋、严慎予、张友鹤、沈有香、金华亭、何毓昌为执行委员,胡迪周、张佩鱼、曹天纵为监察委员,邵力子、叶楚伧、戴季陶、于右任为名誉委员,推举张竹平、汪伯奇、张蕴和、黄伯惠、陈布雷、潘公弼、钱沧硕、管际安等人为赞助员。

1929年1月3日,应南京报社之邀,戈公振参加南京青年会集会,对如何发展中国新闻事业,与到会者讨论十分热烈。随后,上海各报驻南京记者在安乐酒店举行宴会,欢迎戈公振。他介绍了国外见闻,也对其新闻媒体的特点作出点评。席间,诸位欢声笑语,场面十分热烈。1月4日,由南京返回上海。

戈公振的大名,在中国新闻史上耀眼而深刻,著名新闻记者陆诒曾赞誉:"他忠诚于新闻事业的服务,愿意为新闻事业尽瘁而死。"

戈公振(1890—1935),名绍发,字春霆。江苏东台人。1912年进入《东台日报》担任图画编辑,入职仅一年该报即停刊。志存高远的他不甘就此沉默,对侄子戈宝权说,"老待在这个家乡没有出息,我要到上海找工作去"。

1929 年，中国新闻界先驱戈公振
于安乐酒店露天茶社休息

戈公振

在上海，戈公振拜识了报界名人狄楚青，并在他创办的有正书局当学徒，翌年调入《时报》馆，从此踏入新闻界，由校对、助理编辑、编辑一路升至总编。其间，酷爱美术的戈公振于 1920 年首创以反映中外大事为主、用道林纸铜版精印的《图画时报》。甫一亮相，即受读者喜爱。《图画时报》的创刊，被视为我国画报由此前"石印时代"跃入"铜版时代"，也是我国报纸增辟现代画刊之滥觞，堪称报刊图画的飞跃。1925 年他编辑的《中国图案集》出版，这又开创了我国古代图案和民间图案整理工作之先河。

作为一名报人，最能凸显戈公振身份特质的，莫过于他的新闻理念，他强调必须让自己所办的报纸介入社会，担负起报道真实新闻的职责意识。诚如他在所编《新闻学撮要》一书"序言"中写道："新闻学是与各种学问，都有密切关系的。报纸在社会上与任何方面都不能不接触的。所以新闻记者，应研究的学问很多，而可利用研究的时间很少。但是无论如何，我们却不能不寻出工夫去研究它。"为该书作序的梁启超盛赞："戈君从事时报十有四年，独能虚心研究及此。予喜其能重视其职业，与此书之神后来者也。"

这年 11 月，戈公振决意发起组织报学研究会，并于月末在大夏大学礼堂举行"上海报学社成立大会"，到会成员有五十多人。随后在他主持下，出版社刊《言论自由》，蜚声海上。

其时，戈公振又撰写《中国报学史》一书，1928 年由商务印书馆出版。问世后即被业界

视为"将我国新闻史的研究推向一个新的阶段"之作，它大大拓宽
了新闻史研究的对象和范围，"为后来者继续深入研究奠定了基础"。
不言而喻，戈公振是这一领域的拓荒者和引路人。

视报纸的重要性超过自己生命的戈公振在"自序"中写道："盖
报纸者，人类思想交通之媒介也。夫社会为有机体之组织，报纸之
于社会，犹人类维持生命之血，血行停滞，则立陷于死状；思想不
交通，则公共意识无由见，而社会不能存在。"其字里行间无不凸
显强烈的报人意识。

1929 年 3 月，戈公振应史量才之聘，担任《申报》总经理，这
让他有了发挥特长的更好机会和更大平台。对此，他后来曾说："教
我的是狄平子（即狄楚青），识我的是史量才。"

其后，戈公振去苏联访问。1935 年秋，邹韬奋、胡愈之致电，
希望他尽快回国，共同创办《生活日报》，以宣传抗日救国。戈公
振接电后即取道西伯利亚踏上回国行程。在途经符拉迪沃斯托克时
出现突然昏厥等异常现象，但当时并未引起重视。

10 月 15 日下午，船抵上海，邹韬奋等前来迎接。当晚，戈公
振下榻于新亚酒店，他告诉韬奋，打算在上海休息两天后即赶往南京。
次日一早，他去拜访狄楚青，下午至哈同路 257 号史量才灵堂吊唁。
又一日会晤李公朴，讲述了俄国近况和自己考察各国的经过。在谈
到国内形势时，戈公振坚定地说："只要国人肯努力，中国定有救。"
此外，他还到《时报》馆访问友朋。

连日忙累，戈公振病倒，未及赶赴南京就先住进病房。10 月 21
日做手术后全身出现红疹，入夜开始高烧；至晨呼吸急促，验血后
发现血里有毒。此时他自知病重，连忙招来妹妹绍怡告知，身后遗
稿可请好友韬奋整理。

中午 12 时，邹韬奋赶到医院。见到好友，戈公振断断续续地嘱
托，这次他恐怕难过关了，他的报学史，还有关于苏联的视察记以
及关于世界报业的考察记，材料都已有，可惜还未写出，就拜托韬
奋设法完成。最后他交代："请问问医生，如认为已无效，请她替
我打安眠针，让我即刻睡去。把身体送给医院解剖，供医学研究……"
当天下午 2 时，一代报人戈公振停止了呼吸。

三、邵元冲多次赴安乐酒店之宴

囿于地缘因素，近现代广东人才迭出，加之粤菜本身就极具诱惑，即便南京首屈一指的中央饭店都开设粤菜部以应所需，而作为专门经营粤菜的安乐饭店则更是门庭若市，食客趋之若鹜。而奔趋最勤者，当属邵元冲。邵氏长年勤于日记，所记饮食之事固然不少，而安乐酒店开业之后一段尤多，达数十次。邵元冲的饭局如此之多，究其原因，一是工作关系，身为中央执委等要职，结识人多；二是喜交朋友，人缘关系看来不错；三是对美食情有独钟，食之不厌。说来也怪，邵氏并非广东人，但对粤菜多有青睐，或许是前世因缘。

邵元冲（1890—1936），名庸舒，字元冲，号翼如，以字行。浙江绍兴人。1903年中秀才，1906年加入中国同盟会，1907年考入浙江高等学堂。1911年赴日留学时结识孙中山，次年归国。同盟会改组为国民党后，出任上海交通部评议员、上海《民国新闻》总编辑。

1913年3月，宋教仁被刺，随后爆发"二次革命"，邵元冲于7月赴江西九江投入讨袁行动，任长江各军总司令部秘书长。失败后再次东渡日本，随后加入中华革命党。

1917年9月，广州军政府成立，孙中山就任大元帅，邵元冲任大元帅府机要秘书并代行秘书长职。1919年冬，再度赴美留学，并奉孙中山之命视察海外党务。1923年11月，参加赴俄考察团，在莫斯科与蒋介石相晤。1924年在国民党"一大"上当选候补中央执委，随后递补为中央执委。

是年9月，邵元冲赴广州任国民党中央执行委员会常委兼政治委员会委员、大本营法制委员会委员、粤军总司令部秘书长、黄埔军校政治教官兼代理政治部主任等职。孙中山北上，邵元冲任随行机要秘书。孙中山逝世，他为遗嘱证明人之一。此后，为蒋介石所赏识。

说完邵元冲，再说说他的夫人张默君（1884—1965），原名昭汉，字漱芳。湖南湘乡人。一生重女权、兴学办报，积极从事教育改革事业，积极倡导民主思想，呼醒国人。笔耕不辍，擅诗词，又长书法，行草浑厚，一洗女子纤弱之气。著有《百华草堂诗》《玉尺楼诗》《正气呼天集》《扬灵集》等。其弟张元祜官至中将，三妹张淑嘉嫁给政要蒋作宾，八妹张侠魂嫁给著名科学家竺可桢。

邵元冲比张默君整整小了6岁，他们之间本不应有太多交集，可现实中两人却是走到一起，成就了一段姐弟恋。而且还是邵元冲倒追张默君，这段姻缘极具传奇。

邵与张相识，本就有些偶然，而在这其中，又多了一份意外。彼时的张默君，喜欢上另一青年才俊蒋作宾，她一直在等待一个合适的机会表露爱心。惜乎，就在张默君将蒋作宾带回家中去见双亲时，不承想，蒋作宾居然一见钟情其三妹，二人彼此相悦。这一切让张默君始料未及。

就在此时，邵元冲出现了。他喜欢这位比自己年龄大的成熟姑娘，所以大胆向张默君表露心迹。此时，她一方面心情不好，另一方面显然没把邵元冲放在眼里。但他十分

邵元冲   张默君

执着, 锲而不舍, 这让张默君不堪其扰, 于是提出三个条件: 要想娶我, 必须留学, 而且还要做到将官, 还要掌管文印。

苛刻的要求, 明显是张默君拒邵元冲于千里之外, 这反倒令他欲罢不能。为了娶到心仪之人, 邵元冲决心奋力去搏。就在那一年, 他留学日本, 实现了第一个要求。

辛亥革命爆发后, 邵元冲回国投身到轰轰烈烈的革命浪潮中。孙中山在广州成立护国军政府, 任命邵元冲为大元帅府机要秘书, 这使他有机会接近核心领导层, 为他后来达成目标奠定基础。

两年之后, 邵元冲又赴美国留学和游历, 这是孙中山刻意栽培。当他再次归国时, 便以青年才俊的形象出现。次年, 他就当选为中央政治委员会委员, 后又出任黄埔军校政治教官, 并兼粤军总司令部少将秘书长。当初张默君提出的三个"高标"要求, 他都先后达成。

1925 年, 34 岁的邵元冲决定和已是 40 岁的张默君结婚, 他的奋力和努力, 终于让她看到了一种蜕变。他俩都言而有信, 终成眷属, 此后比翼双飞, 各有成就。

邵元冲、张默君一家

1936年12月西安事变爆发，此前蒋介石突然召见邵元冲，于是他误打误撞，前往古城，见证了这一历史性事件。但在居留期间，不幸被杨虎城部宪兵开枪误伤去世。国民政府为他举行了国葬，张默君则收起眼泪，回到老家湘乡，以诗画为伴。

邵元冲长期在江南与岭南间行走，与妻子张默君均喜粤菜，在南京时便多觅粤菜馆，首选便是安乐酒店。此前对此不解，原来他好这一口是"入乡随俗"，于是习惯成自然。

1929年1月7日：应陈雄夫之招，至安乐酒店晚餐，同席有李任潮及立法院同人二十余人，八时后散。

1月11日：六时顷应马寅初、刘大钧安乐酒店晚餐之约。

1月22日：晚至安乐酒店应叔同晚餐之招，同席为潘宜之、何雪竹、张华辅、毛炳文、雷葆康（疑为雷伯康）等。

1月23日：晚在安乐酒店宴潘宜之、陈雄夫、张静愚、缪丕成、马寅初、刘大钧、黄贻荪、张志韩及叔同等。九时顷散归。

3月14日：午间在安乐酒店应华侨招待所午餐之约……七时应暨南学校学生会在安乐酒店招宴，赞助该校请政府确定经费事。

3月15日：晚侨务委员代会招宴于安乐酒店。

3 月 17 日：午间偕铁城、芦隐、焕廷、君佩等在安乐酒店宴请华侨代表，到者八十余人。

3 月 19 日：七时顷，史尚宽在安乐酒店请客，到钮惕生、马超俊等。

3 月 24 日：（晚）十时顷又至安乐酒店与各方一谈。

3 月 25 日：上午九时赴代表大会讨论教育方针案。午在安乐酒店商榷选举事。晚，国民政府在励志社公宴，王儒堂在安乐酒店公宴。

3 月 26 日：八时后应哲生安乐酒店宴会之招。

4 月 25 日：六时半应童萱甫安乐酒店宴会之招，到者有陈公侠、马寅初、林彬、姚琮、方策 、周亚卫等。

5 月 10 日，晚在安乐酒店宴客二十余人。

5 月 11 日：晚应童杭时、陈长蘅、马寅初安乐酒店晚餐之约。

5 月 24 日：晚应吴建邦等安乐酒店晚餐之约，九时顷归。

11 月 22 日：正午至安乐酒店应王荫春君午餐之招。

1930 年 1 月 15 日：晚应……金侣琴安乐酒店招宴。

1 月 19 日：晚偕默君在安乐酒店招宴叶元龙、金国宝、孙本文、唐启宇、吴冕、刘振东、余井塘等。

1 月 25 日：晚偕默君至安乐酒店应纪文之弟兆锡结婚喜宴。

1 月 26 日：晚，先后应陈雄夫中国酒店、童萱甫中央饭店、冯轶裴安乐酒店宴会之约。

仅此一晚，邵元冲就有三个饭局，足见他的应酬之多，真有点分身之术。

2 月 9 日：午间偕默君至安乐酒店赴陈念中午餐之约。

6 月 4 日：晚蒋梦麟在安乐酒店招宴。

10 月 9 日：六时至安乐酒店应萧吉珊晚餐之招。

10 月 25 日：晚应念中伉俪安乐酒店晚餐之招。

10 月 27 日：晚，陈辞修在安乐酒店约餐，九时顷归。

1932 年 1 月 23 日：午偕默君至安乐酒店应陈念中、章德英邀宴。

5 月 22 日：晚，卢锡荣在安乐酒店约餐。

1933 年 4 月 3 日：介石因赣吃紧，定明日行。晚，雨岩、淑嘉在安乐酒店约餐。

看看这席上宾客，多皆"一时豪杰"。在众多相约邀宴的人士中，可以觅得不少名人的"游踪"，从而加持了安乐酒店的知名度，果然名不虚传。

蒋作宾

四、以《京话》名噪一时的杂文家姚颖曾住安乐酒店

抗战前，林语堂主持的《论语》杂志收到一篇来稿，把官场的种种弊端付诸笔尖，嬉笑怒骂，冷嘲热讽，鞭挞诙谐幽默，读来忍俊不禁。刊登后大受读者欢迎，一时洛阳纸贵。这之后一发不可收，一写就是近两年，以《京话》为名的文章，使得杂志十分畅销，而作者亦随之名扬，她就是杂文家姚颖。

姚颖的《京话》，名噪 20 世纪 30 年代，但关于她的生平信息，却是寥寥。只知道她原籍江苏武进奔牛镇，曾受过高等教育，毕业于金陵大学（一说中央大学）。擅长书法，一笔清秀小楷。北伐时期，应东路军政治部招考，投笔从戎，被分配到王漱芳手下任文书，由此相识成婚，喜结连理。

抗战前，姚颖和丈夫、母亲共同生活在南京，曾短暂入住安乐酒店，度过一段快乐

林语堂

时光。对《京话》激赏的林语堂后来回忆说，"姚颖女士我只见过一面，也是婉约贞静一派，不多言"。后来她丈夫去世，姚颖便回西南孀居，不知所终。生有一双千金，名小颖、小芳，以志父母。

对于《京话》，姚颖自述其写作宗旨，"是以政治社会为背景，以幽默为笔调，以'皆大欢喜为原则'，即不得已而讽刺，亦以'伤皮不伤肉'为最大限度"。然而，岂能言说"皆大欢喜"？不过是虚晃一枪，不欢喜"京话"的官员，其实大有人在。不是暗讽，无须对号入座，而是直指他人，如芒刺背，当然不快，何以安哉？

"京话"点名讥讽的达官显贵何止三五个，林森、汪精卫、胡汉民、戴季陶、褚民谊、吴铁城、顾祝同、陈铭枢，直至蒋委员长，"蒋宋孔陈"，一个不漏。借拟写对联，斥责消极抗日的张学良尤为直白辛辣："陈参事，参陈事，真正参陈事，不是陈参事；张学良，学张良，如果学张良，谁骂张学良。"还有若干未点名而等同明指的部长、中央委员以及行政院、立法院、监察院诸衙门。还有各部的失职，如法国占领我国粤海九个小岛的外交事件，外交部、参谋部、海军部都以小岛究竟在何处需调查，"暂时不急予表示态度"。对此，作者挖苦道："到现时才感觉着我国土地之大，大得连版图领土都不容易知道！"这正话反说，极具讽刺意味。

《京话》多写气候、时令、花草、风月，以及名胜、民俗，不过是拿来借机说事而已，通过借喻，以揭示社会从上至下的弊政邪气。《京话》不仅具体列诉官场种种顽疾、陋习，而且透视它们背后的所谓体制问题，诚如她所叹息的："环境如斯，为之奈何！"姚颖正是凭借批量而密集的时政题材，让读者得以一窥她近水楼台所闻知的"内幕"。切近民众关注视角，代发百姓心声，自然就赢得读者争相一睹为快。那份快言快语而锋芒毕露的胆识，难能可贵。

不过，该书题材抢眼，却又略嫌单一。专注了时政批评，忽略了对社会、思想和道德的评判，内容的含量和深度似乎缺少点什么。一百五十则"也是斋随笔"，似乎是仿效《世说新语》，但取材多少有些随意，想到哪就写到哪。估计是囿于某些政治因素，不敢放肆，所以未能鞭辟入里，只是点到为止。

当然，我们不能求全，读者之所以喜欢《京话》，不排除对官场的猎奇心理，但仅靠奇货可居，至多受宠一时，能够风靡不衰，自是有相当的魅力。许多作者以为，杂文就得是匕首投枪一起上，刺刀见红。可姚颖却不然，她是另辟蹊径，从容闲话，娓娓道来，于轻言细语中反话连珠，指东言西，归谬趋极，尽显机智俏皮，其背后深含蕴意。

譬如《扫墓与教育》一文中就写道："有了清明扫墓的规定，平日受了长官或同事的非难，或者受了公婆或小姑的厌气，都可以借题发挥，放声大哭。知我者，谓我心忧，不知我者，或将称许乎'民德归厚'！真是一举而数善俱赅！唯哭的范围，似宜加斟酌。若夫《礼记》所载，泰山之侧，妇人之哭，其声虽哀。吾窃不取，因其公然谓苛政猛于虎，大有借扫墓作政治宣传之意味，此哭的变体，清明治政下所不容许者也。"

其文章的批评力度，丝毫不亚于剑拔弩张，绵里藏针令刺痛者更难诉说。再如《夏日的南京中的我》，自述身陷酷暑，向往避暑胜地，无奈仍困居火炉南京。"我若有官守，我若有言责，事体又好办了！譬如，我若负军事或党务工作，我可借口请示蒋委员长而到庐山。"相比较马路上"烈日熏蒸"下"佝偻奔驰"的车夫，她甚感安宁知足，纵然青岛、莫干山挤满达官贵人。回想前面轻轻一句请示委员长，读者当会心一笑，庐山、青岛、莫干山，不过彼此彼此。话外之音，别有他意。

《京话》里类似这样不着痕迹但足以撩人心房的轻轻一句，是屡见不鲜。与此相连，白话里适度融入文言，词句轻松转换，毫无刻意为之。足见作者传统文化素养深厚，绝非那些外贴几个之乎者也的杂文作者所能

比肩。这正是林语堂所赏识的文采，一句"姚颖是懂得婉约的"就足矣。姚颖走出了另一条杂文写作之路，这算是不小的贡献。

不过，对于《京话》的真实作者究竟是谁，似乎一直存疑。有人认为，署名虽为"姚颖"，但其实作者是她的丈夫王漱芳。因为此外再也未见她有新作问世，这似乎不合常理。当然，这只是一家之言，并非定论。只是随着时间久远，这似乎已成无解之谜。

王漱芳（1901—1943），贵州盘县人。字艺圃。早年先后就学于武昌商科大学、东南大学商学院。1924年加入国民党。国民政府定都南京后，先后在训练总监部、交通部、南京市政府等机关任幕僚长，于1934年和1936年两度出任立法委员。抗战期间，随国民政府迁往西南，任贵州省党部主委、军政委员会战地党政工委党务组组长、甘肃省政府秘书长兼民政厅长。1943年8月，外出巡视时因坠马身亡。

位居要职的王漱芳自然了解许多政坛花絮、官场内幕、要人行踪。据知情人有言，王氏权位当道，对于朝中大小事故知之甚清，许多情由看不顺眼，骨鲠在喉，欲吐为快。但因自己亦入显贵之列，受限甚多，不能轻易发表，于是假其太太姚颖之名，用"京话"作书题，在两三年间连续为《论语》撰稿。出人意表的是，所写内容，无论是揭露抨击的人与事，还是幽默诙谐的文字，描述和刻画得入木三分，为读者所钟爱偏好，争购一阅。王氏一直官运亨通，后当选国民党第五届中委，位列"中枢"，而此调亦不复弹矣。

五、著名报人姚锡钧《首都安乐酒店饮席赠亚子兼悼曼殊》

20世纪30年代盛夏的一个晚上，安乐酒店的一个包间里，十余人正把酒言欢。听得出，这是一群文人雅集，因为不时传出吟诗作对的抑扬顿挫声。酒过三巡、菜过五味后，自然少不了席间诗词唱和这一环节。品评美味，对他们固然重要，但文人最后的保留节目，则应是当晚的高潮，于是就有了姚锡钧这首赠亚子诗。

首都安乐酒店饮席赠亚子兼悼曼殊

十年重见柳屯田，尘劫沧桑各惘然。

浪说文章惊海内，坐怜身世老尊前。

故人死有千春在，天下秋看一叶先。

风露满衣如此夜，慰情虚负酒如泉。

姚鹓雏（1892—1954），原名锡钧，又名雏、雄伯，字宛若，笔名龙公。上海松江人。南社社员。近代文学家。

幼时迟钝，读书常不熟。至十三四岁开窍，下笔千言立就；应童子试，得第一名。入松江府中学堂，博闻强记，好学不倦。毕业时，松江府知府戚扬亲临监考，于国文试场见其再取试卷，问其故，答以文章未完，须续写。戚扬阅其卷，大为称赏。毕业后，拟投考京师大学堂，其父不许，要他习商。戚扬就以"父母在，不远游"为题以试。鹓雏援笔即成，却于题外"游必有方"加以发挥。戚扬认为才气横溢，宜予深造，力助其行。

在京师大学堂学习，师事林纾（琴南），为文婉约风华。又善诗词，与同学林庚白齐名，曾刊有《太学二子集》。好杂览，常向图书馆借书。生活放达不拘。

辛亥革命后，学堂解散，南归。加入南社，为该社"四才子"之一，诗词誉满东南。曾与社友陈匪石组织"七襄社"，编《七襄》刊物；还与高吹万、姚石子等发起创建"国学商兑会"，参加编辑《国学丛选》，该刊物被称为松江派刊物。后得陈陶遗介绍，任上海《太平洋报》编辑。后又改任《民国日报》编辑。

1918 年春，应聘赴新加坡《国民日报》馆任职。半年后因纵酒得失眠症转剧，乃回国。此后，历任上海《申报》及《江东》《春声》等杂志编辑，经常发表小说、诗、词，蜚声当时。才思敏捷，能日写数千言，各体无不工妙，被称为"松江才子"。兼工书法，常乘兴挥毫，得者宝之。

1925 年，任江苏省省长陈陶遗秘书。嗣后，历任江苏省教育厅秘书、南京市政府秘书长、江苏省政府秘书等职，虽入官场，但不同流合污。从政之余，先后在东南大学、河海工程学院、南京美专、江苏医政学院等校兼课，主讲国文。抗战爆发，挈眷内迁入蜀，任监察院主任秘书。抗战胜利，递补为监察委员。

"悟性忽启"的他有着慧思敏锐的文才，更有着格高豪健的笔力，一生著作无数，有《榆眉室文存》（5 卷）、《鹓雏杂著》《止观室诗话》《桐花萝月馆随笔》《檐曝余闻录》《大乘起信论参注》《春奁艳影》《燕蹴筝弦录》《沈家园传奇》《鸿雪影》《龙套人语》（即《江左十年目睹记》）、《恬养簃诗》（5 卷）、《苍雪词》（3 卷）等。又与邑人朱鸳雏合著《二雏余墨》行世。

姚锡钧诗赠"亚子"，即是柳亚子（1887—1958）的号，他本名慰高，字稼轩。江苏吴江人。南社创始人及代表人物。中国近现代政治家、民主人士、诗人。1903 年参

柳亚子

苏曼殊

加中国教育会。后入同盟会和光复会。曾任孙中山总统府秘书、国民党中央监察委员、上海通志馆馆长、国民党革命委员会中央常委兼监察委员会主席等职。

柳亚子是著名诗人，一生写下大量声情激越、意气风发的诗篇，计有诗7000余首，词200余首。多数人知晓他的大名，是从拜读毛泽东《七律·和柳亚子先生》一诗中获得，其中"牢骚太盛防肠断，风物长宜放眼量。莫道昆明池水浅，观鱼胜过富春江"四句为人熟知。

当姚锡钧赠诗柳亚子时，不禁想起南社的另一位代表人物、英年早逝的苏曼殊。遥想当年，一群意气风发的年轻人，有鉴时局艰危，决心以笔作枪，唤起民众觉醒，而曼殊乃南社中坚。惜乎，天嫉英才，35岁即病逝，令人扼腕悲叹。故思念之情溢于言表，于是姚赠诗兼代痛悼，以示不忘这位才华横溢的社友。

苏曼殊（1884—1918），原名戬，字子谷，学名元瑛（亦作玄瑛），法名博经，法号曼殊，笔名印禅、苏湜。广东香山（今中山）人。诗人、小说家，又以翻译著称，所著《燕子龛诗》《断鸿零雁记》，所译英国诗人拜伦《哀希腊》等，均在文学史上享有盛名。又擅七绝，《本事》"春雨楼头尺八箫，何时归看浙江潮。芒鞋破钵无人识，踏过樱花第几桥"以及《题拜伦集》"秋风海上已黄昏，独向遗编吊拜伦。词客飘蓬君与我，可能异域为招魂"，尤为传诵一时。

苏曼殊多才多艺，通晓中文、日文、英文、梵文等多种文字，一生能诗擅画，在诗歌、小说等多个领域皆有成就，他的诗风"清艳明秀"，别具一格，在当时影响甚大。

旧派文学名家周瘦鹃对苏曼殊特别着迷，崇敬备至，在其逝世五周年时，为他编有《燕子龛残稿》一书，于1923年8月由上海大东书局出版。当曼殊逝世十周年时，他依然一往情深，又在《燕子龛残稿》基础上新编《曼殊遗集》，1928年10月仍由大东书局印行。他在《弁言》中对曼殊作了很高的评价：

> 香山曼殊上人，工诗善画，精梵文，兼通英法文字。少孤僻，遁入空门，翛然作出世想。尝手译英吉利诗人拜伦、彭斯辈诗，沈博绝丽，无愧元作。偶出其绪余为小说家言，亦戛戛独造，匪人所及。所造如《碎簪》《焚剑》《绛纱》《非梦》诸记，传诵江国。予心仪其人，历

有年所，欲一见以为快。民国七年春，得友
人刘半农书，谓曼殊方在海上，卧病某医院。
将往访，顾已以下世闻矣。十载相思，天独
靳我一面，此心耿耿，不能已也。兹特辑其
诗文杂著，汇为一编，颜之曰《燕子龛残稿》。
纂辑既竟，适当晦夕，月黑天高，阴风在闼，
吾曼殊之魂，其来歆乎？

周瘦鹃对苏曼殊的"十载相思"之苦，
终于以物相托，于是就有了这极具纪念意义
的《曼殊遗集》，以寄他对曼殊的深情。全
书分诗、译诗、书札、随笔、序跋杂文、小
说等六辑，包天笑、姚鹓雏、王西神、于右任、
陈小蝶以及周瘦鹃本人等分别题写了辑名。

书前收柳亚子《苏玄瑛传》《苏玄瑛新传》
和章太炎《〈曼殊遗画〉弁言》，书末附录
姚鹓雏、周瘦鹃、顾悼秋、沈尹默等纪念曼
殊的诗文，其中刘半农 1928 年 2 月所作《悼
曼殊》特别值得一提。

六、著名京剧演员程砚秋南京演出下榻安乐酒店

1930 年 9 月 6 日，阎锡山、冯玉祥在中
原大战中宣告败北，东北的张学良则归顺南
京国民政府，全国一统。11 月 12 日至 18 日，
国民党三届四中全会在南京召开，蒋介石特
邀张学良列席这次会议。

周瘦鹃

　　为了庆祝中原大战的胜利并欢迎有功之臣张学良，蒋介石特意安排了一场京剧晚会，由"四大名旦"之一的程砚秋演出他的拿手戏《青霜剑》。于是，就有了程砚秋庆祝东三省"易帜"演出的南京之行。

　　何为"四大名旦"？说起它的产生，似乎是一个"无心插柳柳成荫"的艺坛花絮。通常说法，始于1927年《顺天时报》的投票选举和1931年《戏剧月报》举办的评比活动。

　　这一年，北京《顺天时报》公开发起选举"名旦"。办法是：群众把印在报纸上一角的选票剪下来，填上所要选举的对象。集中后唱票。这次选举没有规定的名额，但却规定被选人必须是挂头牌的当家旦角，并且要有个人的小本戏为限。

　　结果出来后，梅兰芳、尚小云、程砚秋、荀慧生、徐碧云、朱琴心共6人入选，当时被称为六大名旦。不久，朱琴心辍演，其后徐碧云也告别舞台，结果只剩下四大名旦。

四大名旦合影：梅兰芳（右二）、尚小云（左二）、程砚秋（左一）、荀慧生（右一）

"四大名旦"的雅号，成了一个永久的荣耀。他们在艺术上不断地进取、精益求精，各有独门剧目问世，蔚成流派，雄踞舞台。

程砚秋（1904—1958），满族，八旗子弟。北京人。京剧大师，杰出的表演艺术家，程派创始人。嗓音极佳，有超凡的文武之功，唱、念、做、打皆精，集创作、演出和导演于一身，塑造了上百个精彩的舞台艺术形象。代表曲目有：传统戏《武家坡》《贺后骂殿》《三击掌》《玉堂春》《汾河湾》等侧重于唱功的青衣戏，《游龙戏凤》《虹霓关》《弓砚缘》等侧重于表演念白和武功的花旦、刀马旦戏，留下了宝贵的艺术财富。

11月13日，程砚秋及他的戏班鸣和社前往南京。此行不同于往日的商演，而被赋予了更多的政治含义。抵达时，国民政府参军处总务局局长舒石父和中华戏曲音乐学会的职员到车站迎接，将其迎至安乐酒店下榻。当时，张学良率领的东北军百余人已先行到京，首都各大酒店旅店都爆满。程砚秋能够顺利入住安乐酒店，是与他相熟的国民党四大元老之一李石曾提前预订的。

程砚秋

王宠惠

王正廷

次日下午，程砚秋在安乐酒店宴请新闻界人士，出席的京沪记者有四十多人。《南京晚报》记者请他为报纸题词，他欣然书写"大地皆春，四海升平"。此时，经过北洋时期的不断纷争后，中国正处于难得的"统一"之中。

当晚，国民党三届四中全会在励志社宴请外宾，蒋介石夫妇、张学良夫妇以及国民党政要、东三省要员、东北军将领悉数参加。观众中三分之一是外宾，达百余人。前面暖场的是王少楼的《二进宫》，9时许，程砚秋的《青霜剑》登场。甫一亮相，座中张群、吴铁城就带头鼓掌，随后一片喝彩。无论是"洞房刺杀仇人"一出还是"祭坟"一出，观者无不动容。为方便外国公使成员能够明白剧情，两位精通英语的外交官王宠惠和王正廷口讲带比画，在一旁讲解翻译。演出结束后是茶会，程砚秋也应邀参加。

《青霜剑》这出戏于 1924 年由程砚秋先生创演，大受戏迷欢迎，不料此次却为蒋介石所不满。原因似乎有些不可理喻，因为剧中胡知县在公堂上动起大刑，将读书人屈打成招，而历史上这种胡作非为的庸官所制造的冤假错案，不乏其人，这完全是真实反映。但蒋介石似乎感觉到有一丝影射之嫌，认为此种情节外国公使看后容易引起误会，影响中国收回领事裁判权。这是哪码对哪码？二四六不靠，完全不着调。可权杖所指，谁敢不从？《青霜剑》居然一度被禁演，在梨园中传为笑谈。

七、安乐酒店与轰动一时的民国"科举"考试

1931 年，国民政府举行首届公务员考试，这在当时绝对是一件轰动的大事。毕竟，能成为政府工作人员，无论是地位还是收入，都是足以引为自豪的一份职业。

不知安乐酒店哪位公关头脑活络，想出一计，为了夺人眼球，趁势在报纸上大做广告，凡是参加应试者，凭考试证明来此住宿，房租一律打八折。此消息一经传出，吸引了不少考生前来入住复习。这一结合时事的创意，收到奇效，使酒店一时名扬。

7 月，国民政府在南京举行第一届高等考试，即高等文官考试，相当于现在的国家公务员考试，第一次大规模地面向全社会招募治

国之才，因此非常重视，被官方称之为"国家第一次抡才大典"。

"戴季陶与于右任商定，本届高等考试首选，将建议政府擢升为监察院监察委员以示奖掖英才，对'开科状元'破格任用"，于是"各省市应考人得讯，群思奋其才智，在大比中争夺大魁焉"，故而此届考试"筹备日期之长，动员人力之广，远超清末'洋进士'考试与北洋政府'高等文官'考试"，可谓轰动一时。

当时的考试院院址在鸡鸣寺附近，是考试院院长戴季陶利用明代武庙故址扩建而成。整个建筑群都是宫殿式，其大门为钢筋水泥三孔门楼，大门中额是"为国求贤"。门内有"向礼亭"，亭内有孔子问礼碑。有趣的是，考试院门卫不是警察，亦非宪兵，而是身着古典服装、佩带宝剑的武士。办公大楼题名"宁远楼"，考场题名"明志楼"，阅卷大楼题名"衡鉴楼"，图书馆题名"华林馆"，院长官邸则题名"待贤馆"。

高等考试的主要对象是大学毕业生。若能录取，即取得做官资格，以后还可晋升，薪俸收入亦可逐年增加。因此，高等考试很能满足那些打算在仕途上奋斗的知识分子需要。

这次高考，国民政府特派考试院院长戴季陶亲任主考官兼典（主持）试委员长，陈大齐任秘书长，其中委员则由考试院报请当局礼聘，多为当时国内名流学者。此外，又聘请襄（协助）试委员10余人，邵元冲任襄试处主任，监试委员10余人。分别成立襄试和监试委员会，委员多系各大学教授或政府部门高官。襄试委员协助典试委员负责命题、阅卷、评分等工作，监试委员则负责在整个考试过程中的保密、防弊及临场工作。

委员们的名单事先绝对保密，在接到国民政府聘书后直接集中到国民政府宣誓就职，接下来便是入闱仪式。礼毕，即由考试院院长戴季陶及高级官员欢送至"衡鉴楼"入闱，随后戴季陶将楼门亲锁，并加封条。

入闱后即扃闱，委员们饮食起居均在楼内，与外界禁绝，包括家人。这种禁闭式的生活达两月有余，直至正式发榜之日，才由戴季陶亲自启封开锁，将委员们迎接出闱，参与发榜仪式。

典试委员入闱后，即分科拟定试题，每一科目试题，初拟两道，送典试委员长圈定一题后，密封送院长启封核定；再密封送典试委员长亲自监临缮印。印好后即分科弥封，由典试委员长保藏，至临试时，送考场分发。

应考人员在每天清晨五时左右即进入考场，由监察委员一人高声点名，另由警卫高举名牌提灯引鱼贯进入考场。另一监察委员等候在考场门口，察看有无夹带物品，颇似搜身制度。考试开始后，每天的试卷封送宁远楼交典试委员长分给典试委员评阅，每一试卷要经过三个委员评阅打分，再将三个委员以拟定的分数加以平均，即为该卷应得分数。

考试科目分为三试，第一试为一般科目，第二试为专业科目，此两试都是笔试，第三试为口试。第一试不及格，不得参加第二试；第二试不及格，不得参加第三试，被淘汰者以第一试为最多，第二试次之，第三试被淘汰者已是少数。

　　笔试试题的题旨要求，难度都很大，应考的数千人中，名列优等者极少。第一试考国文、党义。第二试考中华民国训政时期约法、民法、刑法、行政法、中国近代政治史、经济学、财政学、地方自然法规、劳动法、土地法、统计学、社会政策、国际公法、市政论、经济政策、外国文等科目。题义皆深，要联系古今中外，既考书卷知识，又考智略才识。每一试题都可写成洋洋数万言。第三试为面试。

　　但每一科目试题的考试时间仅有四小时，应试者若非学识丰富、才思敏捷，是很难按时交卷的，成绩一般的大学专科毕业生都不能完满解答。口试即主考官与考生面对面就座，主考官亲验笔迹，询问姓名、年龄、籍贯、志趣等，每次 15 分钟，目的在测验考生的口才、态度和担任管理、领导工作的才能与经验。其评分主要凭仪表谈吐，一般不变动第二试的录取额。

　　此次考试共分普通行政人员、财务行政人员、教育行政人员、行政人员及外交官、领事官等五种，共录取 100 人。其中普通行政人员录取 43 人，当时报考者有 1167 人。

　　发榜之日终于到来，8 月 9 日，典试委员会按上述排序放榜。院长戴季陶亲自开封启锁。戴季陶、邵元冲携榜张贴在考试院门首。张贴前，二人执榜微微展开，露出榜首名次姓名，并摄影留纪念。

　　几千人的竞争角逐，结果只有 100 名考试合格，第一名为朱雷章。他在笔试的十多个科目中成绩均为优，其中中国近代史为满分。面试中，他以博学渊识和沉着冷静赢得好评。综合两项，他独占鳌头，被人们誉为"民国状元"。其姓名由戴季陶亲笔题写，其余为周邦道、胡庆育、钱清廉、李铁铮、张萱翔、师莲舫、仲肇湘、罗厚安、薛铨曾、杨君励、董辙等 99 人。事后由考试院行文各省区原籍市县政府即时发出公告，一如科举时代张挂"金榜"，俾众周知，可谓"一举成名天下知"。

　　朱雷章（1905—1995），昆山锦溪镇人。自幼聪颖敏捷，习中外历史，13 岁即撰写《辽史纲目》《金史纲鉴》及《西夏史纪要》等读书笔记，先后以优异成绩就读于浙江法政专科学校、唐山交通大学预科、上海交通大学电机工程本科，是"交大"全校五名高才生之首。当年 10 月，他被任命为交通部技术厅总工程师，1933 年，又由监察院长于右任提请国民党中央政治会议通过，任命他与黄少谷、杨谱笙等为监察院委员。

发榜当日晚，考试院正副院长戴季陶、钮永建在考试院内"华林馆"宴请全体考试合格人员，特邀全体监试、典试、襄试委员作陪。次日举行授凭典礼，由陈布雷代表国府主席致辞，然后全体人员谒中山陵，环绕陵寝一周。

令人遗憾的是，百名合格者中竟无一女性，这令广大女性应考者及少数女性典试、襄试委员感到非常失望。放榜之际，有女考生竟在阅榜后失声痛哭，而典试委员张默君也不禁落泪。两年后的第二届"高等考试"，终于有女性一跃龙门，她们是毕业于中央大学法学院的陈自观和倪光琼。喜不自胜的张默君将二人接至家中，赠送两位铜尺一对，亲书中堂两幅，这是后话。

八、"男神"徐志摩暂栖安乐酒店

"轻轻的我走了，正如我轻轻的来；我轻轻的招手，作别西天的云彩……"这首唯美的《再别康桥》，打动了多少读者的心。然而不幸的是，这却成了作者短暂人生的写照，而徐志摩生命的最后一天，恰恰是从南京起飞……

徐志摩（1897—1931），原名章垿，字槱森。浙江海宁人。新月派代表诗人，散文家。1924年任北京大学教授。代表作除了上述一诗外，还有《翡冷翠的一夜》。

徐志摩之父徐申如是实业家，徐氏世代经商，早年继承祖业，独资经营徐裕丰酱园，成为远近闻名的硖石首富。

徐志摩是徐家长孙独子，自小过着优渥的生活。少时在家塾读书，11岁进入硖石开智学堂，师从张树森，打下古文根底，成绩总是全班第一。1910年14岁时只身来到杭州，经表叔沈钧儒介绍，考入杭州府中学堂，与郁达夫同班。

徐志摩跟军事家蒋百里同乡，早年他们一起创建新月社，交情莫逆。蒋、徐两家都是当地望族，且有联姻之亲。蒋百里比徐志摩年长14岁，是他姑丈的族弟。1915年秋，徐志摩考入北京大学预科，就住在蒋百里东城锡拉胡同家中。徐志摩十分敬重蒋百里，最初叫他"百里叔"，后来随表弟、图书、博物馆学家蒋复璁同呼"福叔"，亲如一家。在徐志摩经济最为拮据之时，蒋百里曾将自己在北京的寓所交由徐志摩出售，从中获取一份中介金，帮其渡过难关。

1929年，受唐生智起兵事件牵连，蒋百里被捕入狱，徐志摩义愤填膺，竟然扛着铺盖卷到南京，要陪蒋百里一同坐牢。看似一介文弱书生，却有如此大丈夫气概，令人侧目。

自1926年起，徐志摩任光华大学、东吴大学、大夏大学等校教授。1930年初，他来到南京，在国立中央大学教书，兼任中华书局编辑委员会编委、中英文化基金会委员。

六朝古都只是徐志摩暂时的栖息之地，他并不打算久留，所以也没租住房屋，而是选择生活舒适的安乐酒店落脚。是时，陆小曼在上海尽享安逸，他不得不奔波于沪宁两地。当年秋，还是为了陆小曼，徐志摩辞去上海和南京教职，应胡适之邀，赴母校任教，

林徽因、泰戈尔、徐志摩
合影

兼北京师范大学教授，为的是多挣些钱补贴家用。

1931 年 11 月 19 日早 8 时，作为南京的匆匆"过客"，徐志摩在明故宫机场搭乘中国航空公司"济南号"邮政飞机北上，当晚他要帮助林徽因筹划一个学术讲座，在北平协和小礼堂为外国使者讲演中国建筑艺术。途中，因大雾影响，难辨航向，飞机降低高度，不幸于中午 12 时半在济南党家庄附近撞山，起火爆炸，机上人员全部罹难。

徐志摩遭此劫难，令人扼腕。蔡元培为其写挽联：谈话是诗，举动是诗，毕生行径都是诗，诗的意味渗透了，随遇自有乐土；乘船可死，驱车可死，斗室生卧也可死，死于飞机偶然者，不必视为畏途。

徐志摩因飞机失事而殁，年仅 36 岁。郁达夫在一篇追悼他的文章中说他死得恰好，因为诗人如美人，老了就不值钱了，况且他的这一种死法，和拜伦、雪莱一样不凡。

徐志摩才情兼具，有过两段婚姻，一段恋情。早年，张公权时任浙江都督朱瑞的秘书，在巡视学校时发现杭州一中（即杭州府学堂）有位才华横溢的学生，也就是徐志摩。于是替妹妹张幼仪做主，相中其人。徐家当时已是江南富商，与有着庞大政治经济地位的张家联姻，对徐志摩父亲来说是可遇而不可求，于是两家很快就定下这门婚约，当时男方 16 岁，女方 13 岁，皆在读书。就这样，正在苏州江苏省立第二女子师范学校上学的张幼仪辍学嫁到浙江，做起了少夫人。

徐志摩对爱情充满诸多幻想和期待，别人硬塞给他一个新娘，其第一反应当然是小心翼翼地防备着。但此刻他尚无力为自己抉择婚配，只能服从："父母之命，媒妁之言。"

张幼仪出生江苏宝山（今属上海），鱼米之乡，与浙江无甚区别。从家庭而论，出身儒医兼商人之门，家境不错，与徐家差距不大。再瞧瞧她的两个哥哥张君劢和张公权，那可不是一般人物。前者是政治家、哲学家，人称"宪法之父"，中国民社党领袖，现代新儒家代表之一；后者是著名金融家，有"金融巨子"美誉，堪称"中国现代银行之父"。

但徐志摩心很大，他绝不会为婚姻和家庭所束缚。数年后，他翱翔，远走高飞，出洋留学，两人聚少离多，最终彼此劳燕分飞。

徐志摩虽与张幼仪离异，但张家人却一直视徐为"佳婿"。张幼仪的八弟张嘉铸，

张幼仪

张公权

同为新月派诗人，在徐志摩再婚时盛装出席；徐飞机失事后他又专程赴济南奔丧，并扶灵南下；临终前则在遗嘱中有言：丧事不要放哀乐，要朗诵徐志摩的诗。看得出，他是真的喜欢这位曾是姐夫的浪漫才子。至于张幼仪的兄长张君劢则更为离谱，居然竭力反对张幼仪再嫁，生怕令张家蒙羞。张家兄弟的这种想法和做派，堪称另类。

徐志摩后来爱上了名媛陆小曼，并于 1926 年 8 月 14 日在北京举行了隆重的结婚仪式。极具罗曼蒂克的才子与佳人，引来了一众文化界的朋友前来捧场。

婚礼之前，徐志摩特意造访梁府恭请恩师梁启超做证婚人，他本对弟子的这桩婚事很不赞同，然而在徐志摩极度恭请及一旁的胡适极力劝助之下，只好勉强答应。但提出了一个条件："要我做证婚人，可以，但到时我会不客气地教训你们的。"

梁启超果然说到做到，在徐志摩举行婚礼当日，他以严师的身份大加训斥："徐志摩，你这个人心情浮躁，你这个人用情不专，

徐志摩与陆小曼

梁启超

以至离婚再娶，以后务求要痛改前非重新做人，祝你们这是最后一次结婚！"不承想一语成谶，多情才子死于意外。

张幼仪非常有气度，有才干。离婚后，她和徐志摩友善相处，以义女身份操持徐家，照顾双亲，最后甚至掌管徐家经济大权，一切安排有条不紊。

徐家则一直器重这个明媒正娶的儿媳，1931年徐母病重，徐志摩父亲坚持要张幼仪出面主持家政，她认为自己的身份不合，坚持必须让徐志摩打电话她方才前往。去后，里里外外，井然有序，一直侍候到徐母去世，操办完丧事。而徐志摩二婚之妻陆小曼竟然被无情地拒之门外，未能进夫家，只能住在一家小旅社里。

1931年11月徐志摩飞机失事，陆小曼痛不欲生，以拒认遗体而拒不接受这一事实。而同样心痛的张幼仪没乱分寸，理智地为前夫尽最后爱心，遣儿子去山东运回遗体，自己主持丧葬。丧礼上，陆小曼看到志摩穿着长袍，不满意，认为他应该希望穿西装下葬。但张幼仪十分坚定，不许任何人移动、摆布志摩，不许让他死后还不得安生。

九、"交际博士"黄警顽与柏静如安乐酒店举行简朴婚仪

至少在当时，这称得上是一场再简单不过的婚礼，甚至没有之一。前来参加者有百十号人，场面也很热烈，但居然不设热宴，仅仅是大家欢聚庆贺而已。如此不合常规的节俭之举，在那个年代实属稀见。

新郎黄警顽，原本是抱"独身主义"的想法，所以一直倾力工作，别无二心。但在40岁时他破了这个"戒律"，与柏静如小姐成婚。因为深受墨家崇尚简朴思想的影响，所以两人的婚礼极为简朴，他俩在发给亲友的喜柬上用大字注明"礼不收，酒也不请"，一时成为人们的谈资。名记者俞颂华还特意在《新社会》半月刊发表了一篇《一个别开生面的喜柬》称："黄君的这种简单的结婚式，我以为很足矫正旧式新式婚礼上侈靡的陋习……这别开生面的喜柬，还是值得大家注意的。"

中国现代出版大家胡愈之晚年回忆"商务"时，在沈雁冰、高梦旦、郑振铎、王云五、杨端六之外，还特别提到了一个最特别的职工黄警顽，并声称"别的书店没有这样的人"。这里所言特别，是指他集发行、导购、公关、保安于一身的全能角色。

黄警顽13岁便进商务印书馆，14岁参加该馆第一届学徒考试，由张元济亲自主考和面试。后来他自称"我在店堂里从1913年一直奔走到1946年，前后33年"。他原本就是发行所店堂中一个普通员工，主业是向读者推介书籍，附带观察读者在店堂内的举动。随着"商务"书店实施开架售书，为了防范不法之人，他又兼保安之职。

黄警顽在"商务"独树一帜的是他的多功能，自诩是"会说话的活动柜堂""没有字的人名大辞典"和"活广告"。用时髦的新词来形容，就是活动推广、导购、公关、秘书等等，由此获得了"交际博士"的雅称。他最大的本事，就是真心做到一切为读者服

当年的"交际博士",留
存影像极少,中立者为黄
警顽

商務印書館
出版新書
廿六年三月份

出版新書 廿六年三月份

書名(自然科學)	著作人	冊數	定價(單位元)
顯微鏡衡與人生	R. M. Neill 著 費鴻年編譯	一	○‧四五
觀賞植物圖譜	沐紹良編譯	二	一‧四○
植物圖譜	沐紹良編譯	二	一‧四○
植物的分佈	伍兒南等編譯	一	○‧四○
昆蟲的社會行為	黃其林編譯	一	一‧二五
昆蟲圖譜	沐紹良編譯	二	一‧四○
長江流域的鳥類	N. G. Cooke 原著 王周等譯	一	○‧三五
動物標本探集存法	薛德焴編	二	九‧六○
科學隨見錄	唐鉞著	一	精裝三‧五○ 平裝二‧五○
中國木材學	孟心如譯	一	○‧四五
大學無機化學實習	Hoesselfeld 原著	一	○‧四五

上列各書均特售照定價七折
(尚有新書多種詳見後編)

現代圖書館編目法 W. W. Bishop 著 金敏甫譯 ○‧二五
大學現代邏輯 蕭孝嶸著 汪奠基著 一‧六○
普通應用心理 一‧九○
民族心理與國際主義 Pillsbury's 著 陳德榮譯 一‧一五
中蘇問題 范問慷譯 一‧四○
全民戰爭 虞登道夫著 薛季戴譯 一‧四○
價格統制論 河合良成著 入‧一五
公認法釋義與實務 高山著 ○‧六五
邊疆教育 一‧一○
實用學習心理精要 蕭孝嶸編訂 高山著 ○‧五五
第一式國音羅馬字拼音表 董任堅編輯 ○‧三五
國音字母國語羅馬字拼音表 刊號同上 ○‧一一

G. A. Maceo 著

大學定量分析化學 H. P. Talbot 著 陶葆楷譯 精裝本二‧二○
太平天國法考略 孫澤昊著 ○‧六五
管養村鄉村設生行政 中國鄉村建設生行政 何郭廷玉 章永慶譯
大學給水工程學 陶葆楷著 精裝本四 ○‧四五
復活(劇本) 庵風及其他(小說) 陳勿仁著 楊仲華著 顧杏卿編
茶花女(劇本) A. Dumas fils 著 陳勿仁譯
歐戰工作回憶錄 J. Conrad 著 H. Batailie

四康紀要
甲骨集詩聯墨上編

商務印書館

商务印书馆新书广告正面

119

务，不仅是态度，更具备特有的能力。

　　关于黄警顽最具传奇色彩的，莫过于他和徐悲鸿的故事。那是 1915 年夏末，徐悲鸿从家乡宜兴来到上海，当时还是一个落魄青年，一时工作无着。徐悲鸿酷爱读书，自己无钱买书，便常去书店"蹭书"，日久便与黄警顽相熟并结下厚谊。在徐悲鸿困难时，黄警顽拉他一把，让居无定所的他住进自己宿舍。而"商务"第一张广告也是黄警顽请徐悲鸿所画，缓解其生活一时之困。他还将徐悲鸿引荐给《小说月报》主编恽铁樵。青年徐悲鸿在最艰难时，是与黄警顽同吃同住，这一段往事令他没齿难忘。徐悲鸿成名后，在 1947 年主持北平艺专时，盛邀黄警顽北上，在学校任职。

　　黄警顽仅是"商务"一个普通职员，当年被"商务"录用后，先做"扫店堂、擦柜台、倒痰盂"等杂务，至 1917 年升任门市部店员，专门出售中小学教科书。其后，"商务"不断更新服务意识，深刻认识到"交际"（即"公关"）对发展业务的重要性，遂在店堂内开辟两间图书陈列室，作为与社会各界及读者沟通、联络的场所和基地，黄警顽则为招待员。但他近 40 年如一日，如其所说，是"每天做着既是紧张、繁杂又是平凡、简单的工作"，却做出了精彩。据黄警顽回忆，曾接待过上百万人次的读者。他曾说这"'商务'能用我之长"，其记忆力极强，记人记书，最终成为"商务"的一张"名片"。

　　黄警顽崇尚墨家兼爱思想，作为"客服"，他对人格外热情，对读者十分负责，所谓服务周到、办事认真，故而广获好评，由此人

徐悲鸿

脉甚广。认识不少学者和作家，为"商务""筑巢引凤"，拉来不少稿件；还结识南京国民政府与教育和出版有关的高级行政人员，力促"商务"借力发展，显现出一个"交际博士"的特殊功用。

到了20世纪30年代，黄警顽已是一介"上海闻人"，他除了为"商务"的业务奔走之外，还热心于社会公益活动，如创办"民生工艺场"、"晨更工学园"等。1932年"一·二八"事变，他全力投入创建伤兵医院、难民收容所。上海沦为"孤岛"后，他曾与苏北新四军有过联系，不料引起日军注意，据说曾一度遭到逮捕，并受拷打。

黄警顽自奉甚俭，全无交际家西装革履的派头，"常年布袍一袭，布鞋一双，其貌不扬的人，有几分像个乡村教师"。但他心存墨子兼爱之念，并自言"居常仰慕晏平仲为人，勉尚侠义"，对朋友尽力帮忙，不分畛域，无论老小贫贱。许多人自南洋或远省前来求助于他，甚至如"沦落上海的白俄""热心复国运动的高丽人"，他都不惜解囊相助。每个月的薪俸，差不多有百分之七十散尽，以至父丧时儿不能尽礼，后蒙李拔可、王仙华提请公司赙赠百金，才得以渡过难关。

1933年2月8日《大亚画报》第362期登载有一文，标题为"交际博士俭婚记"，全文如下：

> 交际博士黄警顽，为海上百名人之一。生平拥护女权最力。然不求女性之垂怜。年将四十尚是独身。近忽与济南女校长柏静如女士相爱。并无任何人为作月老。纯洁自然。遂于1933年1月24日在首都安乐酒店三民厅行结婚礼。仪式简单，粤餐清洁可口。男女来宾，到者逾百余人。党政军学各界，各省市均有数人在内。正午合撮一影。柏女士之卷曲头发，与山东国术大家马良之长须，相映成辉。席半，由部会及省府驻京代表来宾张道藩（政要）、成济安（老同盟会会员，中将）、罗桑坚赞（藏族高僧）、李培天（蒙藏委员会委员）、广学咏、徐悲鸿（中大教授、画家）、潘玉良（中大教授、画家）、戴清廉（蒙藏委员会委员）、格桑泽仁（蒙藏委员会委员）、焦易堂（国民党中央候补执委）、张凤九（立法委员）、周启刚（侨务委员会副委员长）要求黄柏二君宣布结婚经过。黄君乃起立报告。大致谓我俩相识，在

四年以前。于东方图书馆。到了抗日最烈之时，我俩各投后方难民收容所暨伤兵医院服务。因此发生感情。遂成正式结合云。有黄柏二君油印启事，分送来宾报告尤详。继由来宾更请柏静如君报告经过。催促数次，始起立。谓我俩结合，诚如黄先生所报告。极其自然，毫不勉强云云。

来宾乃拍掌致贺。继请中央大学校长罗家伦演说：罗谓黄警顽先生，为中外闻名之交际博士。服务社会，不望酬报。其牺牲精神，极所钦佩。今与柏女士结婚以后，深望其勿因柏女士一人之身，而将服务社会之精神，有所变更。是所至盼云。继请浙江前教育厅厅长张道藩演说。张语略带滑稽，大致谓：顷闻黄先生说"我俩未结婚以前并没有什么什么"，我们承认"你俩既结婚以后尽管什么什么"。来宾皆大笑。又谓黄先生之交际博士，为社会所赠与。而又善于与女性交际，此亦社会公开中所共认。顷闻黄先生云，"结婚以后，对于柏女士绝不压迫，听其交际自由"。但是我们还要请求女士，自结婚以后也要同样解放，仍令黄博士照常与女性可以交际自由，勿使女界交际中少一位人才，致大家失却许多帮助。语妙双关，来宾咸拍掌。继由甘肃民政厅林竞、青海民政厅王玉堂、新亚细亚学会总干事马鹤天君演说，语皆警妙。席间，罗家伦应全国书画展览会请求，对客挥毫。笔致生动。联云："沼无且卧十年薪，亡秦尚有三户楚。"黄柏二君，并备簿子，请来宾题字作纪念。是婚礼中别开生面者也。

婚后，两人各有事业，彼此尊重；且一心向善，兼顾他人，日子过得充实而愉快。对此，柏静如曾写有《我的婚后生活》一文加以回忆，是满满的温馨。该文后被收入梁启超、胡适等著《清馨民国风：新女性》一书中，可见，相敬如宾的爱情生活，成熟而绵长。

十、胡瑛临终讨吃"灯影牛肉"

位于中山东路上的中央医院二楼病房，一位年近半百的人躺在病榻上，看上去身体极度虚弱。他自感来日无多，不免回忆起过往，人生如梦，这一路走来，阅尽人间滋味，有些不堪回首。自己年不过半百，怎会就落得如此下场？

这时，他喃喃自语道，我嘴馋了，好想吃牛肉和开洋面条。过惯了挥金如土的日子，如今却落得如此窘迫，真是遭罪。一旁前来看望的老友谭人凤于心不忍，为了满足他的愿望，遂派秘书去安乐酒店说明情况。重情重义的老板二话没说，便命厨师精心烹制出一小锅开洋面条，并仿制一大盘灯影牛肉，派专人送到病榻前。这令他感动得老泪纵横，饱餐一顿后是心满意足，可以说死而无憾。此人是谁？他就是曾经颇具声名的胡瑛。

民国初年，并称为龙虎狗的有两组人，一组是北洋三杰，即王士珍、段祺瑞和冯国璋；另一组则是桃源三杰，为宋教仁、胡瑛、覃振。这里要说的人物，就是后一组的胡瑛。

胡瑛（1884—1933），1903年在长沙经政学堂读书，在黄兴影响下倾向于革命，后

1905 年华兴会部分会员在日本合影,前排左一黄兴、左三胡瑛、左四宋教仁、左五柳阳谷;后排左一章士钊、左四刘揆一

赴武昌,入湖北新军第八镇工程营当兵。1904 年 2 月加入华兴会,与吕大森等发起组织科学补习所,并任总干事。同年因该所被封,赴日留学,毕业于早稻田大学。这期间加入同盟会,任评议部评议员,曾与杨笃生等研制炸弹,进行暗杀活动。

1906 年冬,萍浏醴起义爆发时被派往湖北,联络日知会举义响应,因奸细告密被捕入狱,被判无期徒刑。1911 年 10 月武昌起义爆发后获救出狱,被推为湖北军政府外交部长,同年冬代表湖北军政府参加各省都督府代表会议。南北议和时被推为议和代表,名噪一时。

1912 年 1 月 20 日,由南京临时政府任命为山东军政府都督,驻节烟台,两个月后辞职。后改任新疆青海屯垦使。1913 年当选为众议院议员。二次革命时,在日本考察农政,遂滞留以静观事态变化。二次革命后参加欧事研究会,主张一致对外,奉黄兴命回北京联络袁世凯。1915 年,袁世凯阴谋称帝,胡瑛昏昏然为名利所诱,与杨度等政客成立筹安会,拥戴袁世凯登基,史称"筹安会六君子"。

1916年袁世凯死后，胡瑛以辛亥元勋未被列为惩治对象，遂避居湖南桃源县。次年被推为护法军湘西招抚使。1918年护法战争时在湘西起兵，为靖国军第三军军长，失败后去广州。1919年11月被中华民国广州军政府授予陆军少将加中将衔。1920年参与湘军驱逐张敬尧之役，后任湖南矿务局协理。奉命入北方活动，联络冯玉祥发动北京政变，担任国民军第二军总参议、北伐军驻晋总代表。南京政府成立后，他作为阎锡山驻南京代表，活动于沪宁。中原大战时为阎锡山第十路军总指挥，失败后被通缉。

1932年迁居首都南京，积蓄颇丰的胡瑛住进了豪华气派的安乐酒店，他对店里的中西各种菜肴评价很高。由于在此十分舒心，这一住就是一年多。其后，因嗜食鸦片，又酷爱赌博，坐吃山空，难以支撑。虽说困窘之中，得到湘省三杰之一的谭人凤和军界元老的湘籍人士唐生智等友接济，代交过房租、伙食费，以补一时亏空。但这毕竟不是长久之计，胡瑛遂恋恋不舍地迁出了享乐一时的安乐酒店，另租民宅居住。

1933年冬，胡瑛病重，挚友谭人凤前往探视。奄奄一息的他，表示很想吃安乐酒店厨师烹制的开洋面条和长沙李合盛灯影牛肉，于是就有了开头的一幕。

十一、"电影皇后"胡蝶下榻安乐酒店

"恭迎'电影皇后'胡蝶女士下榻本店"，安乐酒店大堂内所立的告示牌，不经意间透露出她的行踪。安乐酒店当年在京城的地位，绝不亚于上海南京路上的和平饭店，政要、名流来宁，这里常常是首选，活脱脱一个免费的宣传广告，即便花钱也达不到如此效果。

胡蝶（1908—1989），原名胡瑞华。籍贯广东鹤山，生于上海。中国最优秀的电影演员之一。

1925年，胡蝶参演个人首部电影《战功》，由此开启电影生涯。同年，在剧情电影《秋扇怨》中首次担任女主角。1928年，她受邀加入明星影片公司，1931年3月主演的中国第一部有声电影《歌女红牡丹》在上海新光大戏院公映，次年又出演《啼笑因缘》。

1933年1月，胡蝶以21334的票数当选由上海《明星日报》评选的"电影皇后"，之后在"中国电影皇后竞选"中，又豪夺"三连冠"。3月，她又主演了中国首部左翼电影《狂流》；同年主演的《姊妹花》，则成为她表演生涯的代表作。1937年卢沟桥事变爆发，胡蝶前往香港，先后拍摄了古装片《绝代佳人》以及爱情片《孔雀东南飞》等影片。

1946年，胡蝶从上海迁居香港，在香港主演了电影《春之梦》等片后，决定告别影坛。1960年，她凭借主演的爱情片《后门》获得第七届亚洲电影节最佳女主角奖。1966年，在拍完《塔里的女人》后她结束了电影生涯。1989年4月在加拿大去世，享年81岁。1995年获中国电影世纪奖——女演员奖。

1934年1月1日的《中央日报》登载了这样一条消息："电影皇后胡蝶等男女明星，此次由导演郑正秋偕同来南京……"

胡蝶

郑正秋

　　作为中国的"电影皇后"、票房的保证，胡蝶拥有大批"粉丝"。毫无疑问，她的南京之行，自然受到高度关注。

　　此次胡蝶一行赴首都，是与拍摄一部名为《白山黑水美人心》的影片有关。这是一部直接描写东北义勇军抗敌的影片，惜乎，因为当局不许银幕上出现抗日的内容和字样，甚至连东北也不许提及，所以该片只能以隐含的方式，用"白山黑水"来指明故事的发生地。

　　1 月 6 日，摄制组提前来南京选外景。得知胡蝶要来后，南京各大戏院纷纷找上门，邀约这位电影皇后到戏院演出。

　　为提高知名度、吸引观众，民国时期，各家电影院都会邀请明星来做宣传。胡蝶来宁拍摄爱国影片《白山黑水美人心》，这绝对是一个不容错过的大好机会，南京各大戏院纷纷通过关系，以便能抓住机会，请到这位大明星。

　　当时的南京有四大剧院，分别是大华大剧院、新都大剧院、首都大剧院和世界大戏院，其中位于新街口中山路 51 号小巷内的世界大剧院最终"中标"。它始建于1930年，起初叫作南京大戏院，但当时上海及扬州都有"南京大戏院"，为了加以区分，改称"世界大戏院"。20世纪中后期，改为延安剧场。现已拆除无存。

胡蝶在南京大戏院主演了《笑与泪》和《还我自由》两部话剧，首演获得极大成功，观众掌声纷起，始终不息，为了还礼，胡蝶数次谢幕。而原本戏院给南京各大机关、报社准备的赠票，因演出热烈，极受欢迎，之后也被全部取消。

由于影迷太多，演出场场爆满、南京市民一票难求，戏院只得又请求胡蝶等人加演。一些学生，甚至不惜轮流逃课，到处打探消息，只希望能找到胡蝶下榻的饭店，远远地看上一眼这位光彩夺目的大明星。

胡蝶的到来，令"蝶粉"们惊喜不已，他们急切地盼望一睹偶像优雅的芳容和高超的演技。2009年，住在下关93岁的王如意和90岁的王玉兰姐妹俩，依旧都能记得当年自己追星的情形。

胡蝶来到南京的那一年，王玉兰15岁，在私立钟英中学上学。父亲每月给她零花钱一元，她放在一个漂亮的荷包里，挂在床头。等荷包鼓了，她就和同学相伴，花上一块多钱，从下关车站坐火车，五个多小时后到达繁华的大上海。然后，买来一大包沪上的报纸，特别是娱乐小报。那些图文并茂的明星们的花边新闻，如同磁铁般深深地吸引着她和小伙伴们，读来津津有味，同时也是重要的谈资，甚至是炫耀的资本，谁了解知道的多，其在同学中的地位也水涨船高。

"南京的报纸不多，更何况上海是明星的大本营，所以我们追星就追到上海去了，看到明星本人的机会当然很少，所以就买好些报纸回来分发给'志同道合'的同学们，大家共享。至于费用开销，大家分摊，但也有些家境好的就主动承担，比如我，就承担了好几次，因为我想保留那些报纸画报。那些报纸的价格我的零花钱可以承受，比如《良友》杂志当时就卖两角左右。"回忆起七十多年前的追星，王奶奶乐呵呵地说，"我就特别能理解现在的孩子追星。比起他们，我们当年丝毫不逊色。"

1934年元旦，王玉兰从上海的一张早报上看到，胡蝶等大明星要来南京。一时激动无比，她和同学立马行动起来："忙死了，哪里还有心思上课啊，到各家大饭店打探消息，看看她可能会住哪家饭店。我们有一位男同学，他的父亲正好在安乐酒店工作，见自己的儿子没心思学习，一打听才得知是这事，于是告诉他胡蝶可能会入住他们那里。并且还答应带我们去看胡蝶。"

在焦急和兴奋的等待中，胡蝶终于来了，但王玉兰根本买不到胡蝶的首演票，"当时一张票二元，都给内部人抢光了，我们只好寄希望于演出结束后，能够看到胡蝶一眼"。

寒夜中的安乐酒店，霓虹灯依旧闪烁，光影下，因为天冷的缘故，王玉兰和同学们不停地挪动着脚步，他们焦急地等待着。可一直等到晚上11点，同学的父亲来说，胡蝶今晚会回来得很晚，有大人物要宴请他们，你们还是回去吧。

希望瞬间破灭，这打击也太大了。想要与自己的偶像见上一面，这机会好难，是多么的奢侈，无奈，他们只好悻悻而返。回家的路上，步履是如此的沉重，因为没了心情。

十二、孙凤鸣安乐酒店喝茶商讨刺蒋行动细节

随着11月1日的一天天临近，王亚樵和大家都知道，他们和孙凤鸣相处的日子已屈指可数。此去完成"流血五步、天下缟素"的壮举，几无生还可能。当分襟的时日即将到来，彼此间多有不舍。故而华克之每次从上海到南京，王亚樵都会让他多待几日，陪孙凤鸣去安乐酒店的茶座或咖啡厅小坐。

楼顶平台花园很是幽静，孙凤鸣乐意在此逗留，泡上一杯清醇芳香的龙井茶，或来一杯香浓可口的咖啡，让身体和头脑都放松一下，

华克之与夫人朱蕙风

享受片刻的美好时光。当然，对于这样的安排，他是心领神会，这除了让紧绷的心绪得以缓解外，还可以一起继续商讨一下有关行动的细节。"拍照时一定要保持镇静，开始为自己的行动作准备。""选择开枪时机既要慎重又要果断，早一秒不便，可能角度不对，晚一秒不行，有可能丧失机会。""万一遇到意外，如何处理？"诸多问题，都要提前考虑到，因为每一步都不容犯错，必须精算，且要沉着应对。每一次和华克之相聚小憩，孙凤鸣都很兴奋，如同实战演练；亦很紧张，因为待到真正面对时，会有太多的意想不到。

王亚樵的大名，众人皆知，有着"民国第一杀手"之称。但华克之是谁？孙凤鸣又是谁？他们在准备什么行动？这一切，当时并无人知晓。直到接下来发生的一件大事，人们才恍然大悟。现在，就让我们去还原当年的那段情景。

1935 年的"刺汪案"，来得有些突然。当然，刺客是早有准备，被刺人却未曾想到。

问题还不仅仅如此，据刺杀计划的组织者华克之说："我们的目的是刺蒋。"很显然，刺客是冲着蒋介石而来，怒其不抵抗政策，欲将其击毙，以谢国人。偏偏那天蒋介石未参加照相，逃过一劫，于是被击中倒地呻吟的，便是汪精卫。

汪精卫身中三枪，伤势虽重，但非致命，数月后就基本痊愈。而他后来之死，亦是遇刺后留下的后遗症。从这点来说，他是罪有应得。

"刺汪案"发生后，当局侦悉此案系"晨光通讯社"所为，行刺者是南京晨光社记者孙凤鸣，安徽人，32 岁，曾任十九军排长、福建第十二师混成团机枪连连长。

后经全力追捕围剿，除孙凤鸣当场被枪击抢救无效死亡外，孙妻崔正瑶及晨光社主要成员张玉华等相继被捕遇难，资助过晨光社的反蒋斗士王亚樵其后也遭杀害。华克之因早已避走香港，幸免于难。

十三、于右任、徐悲鸿等醉醺《春江花月夜》

1936 年春，于右任和侨委会委员会陈树人在安乐酒店雅致的小宴会厅请客，邀约徐悲鸿、卢冀野、胡小石、陈中凡等学者名流小聚。

美髯公于右任，人所熟知，民国元老，为推翻封建帝制立下汗马功劳。又是书法名家，写得一手漂亮的草书，被誉为"当代草圣"。虽身居要职，但仙风道骨，淡然出尘，这里就不赘述。

陈树人（1884—1948），世人知之不多。广东番禺人。著名画家，与高奇峰、高剑父合称"岭南三杰"。早年东渡日本求学，先后毕业于京都市立美术工艺学校、京都美术学校绘画科及东京国立大学文学系。1917 年受孙中山委任为中华革命党美洲加拿大总支部部长，回国后历任中国国民党党务部长、广东省政务厅长、侨务委员会委员长、国民党中央执委等要职。从政之余，仍不忘绘画，以其山水、花鸟、走兽著称于时。

于、陈二人皆为政府高官，又都是书画

名家，故而饭局不少，曾多次赴宴安乐酒店，对菜肴的口味、环境的优雅均有好评。这次办了两桌，每桌十二道菜，既有淮扬风味，又有京苏大菜，更有创新菜肴。

被邀约的人中，有几位乃著名学者。中央大学教授胡小石（1888—1962），祖籍浙江嘉兴，生于南京。于古文字、声韵、训诂、群经、史籍、诸子百家、佛典、道藏、金石、书画之学，以至辞赋、诗歌、词曲、小说、戏剧，无所不通。曾任金陵大学教授，中央大学中文系教授兼系主任、文学院院长。学术之余，胡小石最爱吃，绝对称得上是一位美食家，有关他精于品尝佳肴的故事，多有人知。当他品尝了"南乳鸡枞"（一种云南产的野山菌）、"扣肉"和"口蘑虾仁豆腐"几道菜后，是赞不绝口，即席赋诗。

徐悲鸿（1895—1953），乃著名画家，大名鼎鼎，世人皆知。时任中央大学艺术系教授兼主任。品尝美食，亦是他人生中的一大快事。

卢冀野（1905—1951），别名卢前。南京本地人，家住城南剪子巷83号。毕业于东南大学，先后在金陵大学、河南大学、成都大学、光华大学、暨南大学、复旦大学、中央大学任教。他是著名词曲教授，才华横溢，人称"江南才子"。在教学之余勤奋写作，著作等身，且涉猎甚广，创作形式多样，如新诗集《春雨》《绿帘》，小说集《三弦》，旧体诗集《梦蝶庵绝句》《卢冀野诗选》等，词集《中兴鼓吹》等，散曲集《饮虹乐府九卷》；剧曲《饮虹五种》《楚凤烈传奇》等，还有大量译作、曲学理论和文学论著。作为南京人，卢冀野十分重视整理乡邦文献。1946年被聘为南京市通志馆馆长，主持编辑出版《南京文献》。并根据自己亲历和考证撰写了《冶城话旧》《东山琐缀》，记录保留了众多有关南京的地方风俗和风土人情。他还创作了一些流行歌词，其中1934年的《本事》颇有况味：记得当时年纪小，我爱谈天你爱笑。有一回并肩坐在桃树下，风在林梢鸟在叫。我们不知不觉困觉了，梦里花儿知多少？

这首温情小诗是他为我国第一部音乐教材创作的歌词，经过著名作曲家黄自谱曲，风靡当时的新式学堂。抗战时期，他更是化笔为刀，将报国热情倾注于抗战作品之中，"号角诗筒同一吼，黄河从此怒涛生"，则凸显了大学者的民族气概和爱国情怀！

陈树人画作《岭南春色》

陈中凡　　　　　　　　　　　胡小石

陈中凡（1888—1982），江苏盐城人。1911年毕业于两江师范学堂，受业于李瑞清、缪荃孙、陈三立诸名师，与胡小石同窗，此后又同在东大、金大、中大共事多年，引为同调。1914年后考入北京大学习哲学，毕业后留校工作。1919年在北京女子高等师范担任国文部主任。1921年任国立东南大学教授兼国文系主任，1926—1928年任金陵大学教授，1935—1949年任金陵女子文理学院教授。他博学洽闻，所治从目录学、诸子群经、文学批评史到文学史、戏剧史。晚年侧重于古代戏剧史研究。著有《古书读校法》《中国文学批评史》等书，其中《中国文学批评

史》是为我国第一部文字批评史专著。

几位教授皆负一时声望，他们亦对这席菜肴赞赏有加。尤其是胡小石先生，对吃十分讲究，无论是食材的使用，还是烹饪的技巧，要求甚高，绝不轻易点头称道，能得到他的首肯，一定有独妙之处。席间，几位文人雅士对酒店的背景音乐《春江花月夜》表示欣赏，认为极有文化品位。于是，就着酒劲，闭目摇首，悠然沉浸在清雅的旋律里，如醉如痴。

《春江花月夜》是一支典雅优美的民族抒情乐曲，最早叫《浔阳箫鼓》，是一首琵琶曲，取唐代诗人白居易的诗作《琵琶行》中"浔

卢冀野

阳江头夜送客"之意。尽管此曲与白诗毫无干系,但曲中"皎皎空中孤月轮"之意境,使人萌发诗意联想。后人据此乐曲风格内容,直接借用张若虚同名诗作《春江花月夜》为之命名。该作品被著名文学家闻一多先生誉为"诗中的诗,顶峰上的顶峰",一千多年来为无数读者所倾倒。一生仅留下两首诗的张若虚,也因这首诗,享有"一词压两宋,孤篇盖全唐"之名,一举奠定了他在唐代文学史的不朽地位。

张若虚(约670—约730),扬州人。与贺知章、张旭、包融并称为"吴中四士"。《春江花月夜》被誉为唐诗开山之作,它沿用陈隋乐府旧题,抒写真挚动人的离情别绪及富有哲理意味的人生感慨。语言清新优美,韵律宛转悠扬,洗去了宫体诗的浓脂艳粉,给人以澄澈空明、清丽自然之感。

《春江花月夜》本为乐府《清商曲辞·吴声歌曲》旧题,此曲调始于陈后主,被列为"江南派琵琶曲目"的中曲一类。20年代,

张若虚

上海新式音乐社团将它改编成一首民乐合奏曲。其旋律古朴和谐、雍容典雅、节奏平稳、音韵舒展，用含蓄多姿的现实与浪漫相结合手法，表现了深远恢宏的意境，宛如一幅色彩斑斓的山水画卷、一首词情婉恰的唯美诗章，在舒缓明快的旋律中，把人们带入春夜那甜美的幽静中，具有较强的艺术与唯美的感染力。作为十大中国古典名曲之一，是民族音乐中占有重要地位的文人音乐。创造出情景交融、玲珑透彻的诗境，从深层次里揭示出生生不息的生命意义。

全曲有 10 段，分别是：江楼钟鼓、月上东山、风回曲水、花影层叠、水深云际、渔歌唱晚、回澜拍岸、桡鸣远濑、欸乃归舟和尾声。

欸乃归舟是全曲高潮，旋律由慢而快、由弱而强，层层递进，如春风鼓荡，激动人心。然后转入尾声。音乐好像轻舟在远处的江面渐渐消失，春江的夜空幽静而安详，使人沉湎在迷人的诗画意境中。

伴随着悠扬轻快的音乐，聚餐诸人是尽享美味、美酒，吃得至精，喝得尽兴。不知不觉，醉了，于是曲终人散。

十四、少女郁风来宁入住安乐酒店

1937 年 1 月 23 日的南京，虽是天寒地冻，但依旧能够感受到世间的温暖。可谁曾料到，年末的南京，为日军侵占，成了人间地狱。

一位翩翩少女，走进了安乐酒店大堂。"您住店？""这么冷的天，不在家待着，不住店我来干吗？"说完，咯咯一笑。说话间，可以看出她有几分调皮。"您需要什么房间？"她看了看客房的价目表："给我来间大点的，要面朝大街，我喜欢看车水马龙的街市。"办好手续后，她跳跳蹦蹦地走进了自己的房间，把包往沙发上一扔，便仰面倒在床上，好舒服哟。次日，她打了一个电话："是常叔叔吗？我是郁风，我是昨天到的南京，就住在安乐酒店，您有空吗？我想见见你。"放下电话，她显得有些兴奋。一个 21 岁的小姑娘何以有钱入住这样高档的旅馆？待会再表。

那头接电话的先生叫常任侠，时任国立中央大学附中老师。下午他便去了安乐酒店找郁风，随后两人至太平路上散步，并赴一家德国饭店共进晚餐，饭毕，送郁风归寓，常则返回学校。次日下午，常任侠约徐德华再至郁风处。晚下雨，常任侠再赴安乐酒店，稍谈即归。25 日下午 3 时，又至安乐酒店会郁风。不知这位小女生此行是带有任务而来，还是有事需要请教，抑或另有其他原因。

说到郁风，家世不凡。其父是工诗擅画的大法官郁华，与鲁迅、田汉和阳翰生等左翼文化人均多有交往，而叔父则为大名鼎鼎的作家郁达夫，更是圈中之人。原来，她有着这样的背景，难怪有条件享受这份奢华。又因为父辈的关系，使得她有机会得以结识一批文化名人，常任侠就是其中之一。

常任侠（1904—1996），安徽颍上人。著名东方艺术史与艺术考古学家、诗人。1922 年入南京美专科，开始从事诗歌戏剧活

郁达夫

常任侠

动。1928 年考入中央大学文学院，研习古典文学及日本、印度文学。毕业后在中大实验学校任教。1935 年春赴日本留学，入东京帝国大学文学部大学院，研究东方艺术史。1936 年回国后仍回原校执教。抗战爆发后积极投身救亡运动，参加中华全国文艺界抗敌协会、中国民主同盟等组织。

4 月 16 日，常任侠又得郁风来电，云其来宁，随即赴安乐酒店晤谈。后同至华汉家小食。阳翰笙（1902—1993）笔名华汉，原名欧阳本义，字继修。四川高县人。毕业于上海大学社会学系，1927 年年底参加创造社。

1928 年年初陆续发表小说，并撰文宣传马克思主义和革命文艺理论。1933 年以《铁板红泪录》开始电影创作，著有《中国海的怒潮》《逃亡》《生之哀歌》《生死同心》《夜奔》《草莽英雄》等。曾任国民政府军事委员会政治部第三厅主任秘书、文化工作委员会副主任，文协、剧协、影协理事等。参与领导文化界统战工作。

19 日，常任侠再赴安乐酒店，晤刘狮、徐德华、郁风。中午同进午餐。刘狮（1910—1997），字狮子，别号莳鱼老人。江苏武进人。刘海粟之侄。现代画家。上海美专毕业后赴

40 年代的郁风

抗战期间广州《救亡日报》合影。前排左起：茅盾、夏衍、廖承志。后排左一潘汉年，中为郁风，右一司徒慧敏

日本留学，专攻西画和雕塑达八年，回国后任上海美专教授，曾任西画、雕塑两系主任。代表作有《九如图》等。

这里再言郁风（1916—2007），女，画家、美术评论家。祖籍浙江富阳，生于北京。少时即受家庭熏陶，爱好新文艺。早年入北平大学艺术学院学习，1935 年入南京中央大学艺术系学习西洋画。后任上海美专附中教师。1936 年鲁迅逝世时，上海英文《中国之声》杂志在封面首次刊登的鲁迅画像，即为她所作。

20 世纪 30 年代在上海参加救亡运动，为报刊作插图、漫画，并参加演剧活动。抗战开始后随郭沫若、夏衍赴广州创办《救亡日报》，任记者。后转粤北第四战区政治部从事美术宣传工作，1939 年到香港任《星岛日报》及《华商报》编辑。与夏衍、叶灵凤、戴望舒、徐迟、叶浅予、黄苗子等创办《耕耘》杂志，任主编。并参加香港文艺界协会活动。20世纪40年代以后在桂林、成都、重庆工作，发表散文，举办画展，为话剧团设计舞台服装；其后任重庆及南京《新民报》副刊编辑。

郁风曾热衷于现代中国画的探索，作品构思精巧，色调秀丽，意境清雅，富有浓郁的抒情意味。芦苇、野花、西北和江南的风景，通过她的画笔，表现出对大自然的热爱，这种心灵感受的作品不知不觉就引发了人们的共鸣。

1942年，她在桂林、重庆与黄新波、特伟等共同创作举办了"香港的受难"专题画展。1944年在成都、重庆又举行"青城峨嵋写生画展"。1948年在上海举行油画、水彩画展。

作为画家的郁风，其散文也富于画家的独特敏感，明丽、清新而质朴，在文学上颇具成就，著有散文集《我的故乡》《急转的陀螺》《时间的切片》《陌上花》《美比历史更真实》《画中游》，编有《郁曼陀陈碧岑诗抄》《郁达夫海外文集》等。

郁风的先生是著名漫画家黄苗子。20世纪30年代在上海，他们在著名画家叶浅予的家中初次相见。当时，郁达夫也来了，带着年方十七八岁的侄女郁风，她刚从北平艺专毕业，跟着叔叔郁达夫到处转悠。

黄苗子出身于广东香山（今中山）一个书香世家，父亲黄冷观与国民党政要吴铁城曾同为同盟会员。拜其之赐，黄苗子一直是端着铁饭碗的国家公务员。岭南名家邓尔雅开启了他一生的为学之门，古诗文的阅读和不懈的书法练习，奠定了他的学养基础。

早在进入香港中华中学读书前，黄苗子就喜欢上漫画，16岁时创作的漫画《魔》入选当地学生画展，并在叶浅予主编的《上海漫画》发表，这使他对上海无限向往。1932年，黄苗子偷偷跑到上海投笔从戎，其父赶紧给上海市市长吴铁城拍去电报，拜托他关照儿子。市长一句话，就把他安排在市政府挂职，但他身在官场，心在艺坛，与许多画家成为至交。

一年后，郁风也随家人从北京南迁至上海。受叔叔郁达夫影响，热衷进步活动。郁达夫曾带她去见鲁迅，有一次很直率地说："我侄女学画，你有什么画册给她一本吧。"鲁迅果然赠予一本《引玉集》。

和郁达夫的交往，黄苗子记得很清楚。每次郁达夫从杭州来上海，邵洵美都会打电话约他一起吃饭聊天。邵洵美有"文坛孟尝君"之称，他创办的时代图书公司，把当时有名的漫画家张光宇、张正宇、叶浅予、鲁少飞都网罗了。黄苗子常去和他们一起玩，郁风就这样走进他的世界，家庭背景大相径庭的两个年轻人，因为艺术交流而成为朋友。

抗战全面爆发后，沪上许多文人被迫流亡广州，当时郭沫若是《救亡日报》挂名社长，由夏衍主办，郁风为记者。黄苗子与夏衍多有交往，免不了与郁风接触。当时，黄苗子24岁，郁风21岁，二人已在上海相识，如今又在羊城相逢。后来几经周折，又相继来到重庆。一帮文人常常相聚，当黄苗子向郁风求婚时，以革命者自居的郁风觉得难以抉择，因为黄苗子此时依然在国民党政府任职。为其担任说客的是共产党人夏衍，他专

程到美术学院找到郁风，促成了黄苗子、郁风的这场"国共合作"，
1944 年 11 月两人喜结连理。

十五、《陈克文日记》中记录的安乐酒店

陈克文（1898—1986），字用五。广西梧州岑溪人。国立广东
高等师范学校毕业。1924 年孙中山先生改组国民党后曾任国民党中
央农民部秘书、侨委会教育处长。后在武昌参与主持农民讲习所。
同年 7 月 20 日暂代武汉国民政府农政部部长，任秘书长。1929 年
他在广东与同学发起组织"知用学社"，创办知用中学，后该学社
与中学扩大至香港。1935 年他就任国民党行政院参事，主管总务
人事。

1945 年抗战胜利后，陈克文负责统筹政府还都南京一应交通事
宜，所以他又是最后离开重庆的政府人员。抗战胜利是 1945 年 8 月，
他 1946 年 10 月才回到南京。后来他不愿意继续留在行政院，1948

陈克文

年"行宪",他回到广西老家岑溪县竞选立法委员并当选。其后短暂出任立法院秘书长,1949年辞职赴香港定居。

《陈克文日记》乃其所遗留的12册日记,从1937年初至1950年3月间,以纪事为主,其中有关抗战及国共内战之个人经历、见闻、观察、感想至为详细;此外包括出使印尼经历,以及有关二三十年代国共两党人物、事迹之回忆文章,其整体史料价值毋庸置疑。这里选择了与安乐酒店有关的几则,以便了解一下。

1937年2月21日(星期日),下午6时,赴安乐酒店参加广西同乡欢迎桂(广西简称"桂")主席黄旭初等宴会,到主客

十余人。黄报告桂省政情,其为人质朴无华,不善于言词,演说殊乏精彩,终席亦无多说话,惟率真之情,到处可见。

黄旭初(1892—1975),广西容县人。16岁入容县师范,20岁入广西陆军速成学校,1914年入北京陆军大学第四期,嗣赴日本留学。1917年后在桂军中历任连长、营长、旅参谋长、军参谋长、纵队司令,参加过护法战争。1926年后历任国民革命军第七军第四旅旅长、第六师师长、第十五军副军长兼第二师师长。参加北伐,屡建战功。1929年参加改组派的护党救国运动,历任护党救国军总司令部军事委员会委员、军长、政治委员会主席等职。1931年后,历任国民革命军陆

黄旭初

军第十五军军长、广西省政府委员兼主席、国民党广西省党部执行委员，当选为国民党第四届、五届中央执行委员。1937年，任陆军中将加上将衔，赴庐山暑期训练团第二期受训。抗战爆发后，桂军主力参加抗战，黄旭初受李宗仁、白崇禧委托，继续留在广西经营桂系大后方。前后任广西省政府主席十余年，与山西阎锡山同以"模范省"著称。

5月19日（周三），上午9时，前往安乐酒店，访温端生及陈炳权。

温端生，不知其人。陈炳权（1896—1991），字公达。广东台山人。私立广州大学创办人之一，20世纪中国南方著名教育家和经济学家。少入私塾，又读2年高等小学。1913年考入国立广东师范学校附属模范中学，就读2年肄业，升入广东高等师范学校数理部。在校期间，曾发起组织"广东省学生联合会"，开展抵制日货的救国运动和平民义学运动。

1919年赴美国留学，1924年5月在美国哥伦比亚大学获得经济学硕士学位。回国后历任财政部、实业部统计处统计长。旋应广东大学（中山大学前身）校长邹鲁之聘，担任该校教授，主讲统计、会计、银行等课程。翌年，升任商学系主任。他还先后在广东课吏馆、广东法官学校、农民讲习所兼任统计学和群众心理学教员。

1944年，陈炳权在美国接受罗若拉大学法学博士学位。作为一介书生，他薄高官而重教育，从教逾50年之久，殚精竭虑创办广州大学，有"桃李不言、下自成蹊"之誉。莘莘学子，争赴其门。主要著作有《商业循环》《经济论丛》《大学教育50年》。

5月27日（周四），下午3时，访阮退之同学于安乐酒店，渠应广东省政府吴铁城主席之邀，即将回县任事，已年余未见面矣。

阮退之（1897—1979），原名阮绍元。广东阳江人。1923年毕业于广东高等师范学校（中山大学前身）文史系。青年时投身革命运动，为阳江早期共产党员。第一次国共合作时期，任国民党中央党部青年部干事、代理秘书。长期从事文化教育工作，先后担任中山大学附中、广雅中学、广东省立第二中学等校学监，广东省肇庆中学（省第七中学）校长。他诗才俊逸，素有"南国诗人"之谓。

1928 年 6 月在上海精心研究诗词和书法，与陈树人、周谷城、谢无量、胡希明、何曼叔等相唱和，创作了大量忧国忧民的诗篇，出版《阮退之诗词集》。1935 年任暨南大学诗学教授。他的书法有极深造诣，尤精章草。

陈克文地位并不高，但长期负责实务，得以从内部和中层来观察政府运作和众多政坛人物言行；而且他刚出校门就入党、从政，与政界乃至学界有广泛接触和交往，所以，他在日记中所载的观察和评论，是饶有兴味和历史价值的。

由于陈克文是广西人，桂系李宗仁极尽笼络，故而在其竞选副总统时，陈克文曾为之"奔走选票"。1948 年 4 月 25 日的《日记》中，他是这样写道："清晨和孝同兄同访兴安省国大代表富德淳，谈李德邻（李宗仁）先生的选票。这一次可算是我惟一一次为德邻先生奔走选票。后来到宁夏路二号，谒于右任先生，意思是安慰他老人家这次竞选副总统的失败。恰好邵力子先生也在那里，此外还有别的国大代表也在那里。坐谈约莫半小时回寓。"

1949 年李任代总统期间，陈克文对李的民主风度很是欣赏。3 月 16 日的《日记》是这样记载的："谈话会的进行异常和谐，发言异常坦率，大家吸烟吃茶，也异常随便无拘无束。代总统倾耳静听，说话极为客气。做结论的时候，亦极合民主的原则，绝无专断命令的神气。使人想起从前当着蒋总统面前那种严肃拘束的空气，说话顾忌保留的场合，真是两种极不兼容的作风。"正因为如此，陈克文和国民党中的一些自由分子曾一

度希望另组政团，拥戴李宗仁为领袖，以打造一个民主自由的新势力。

十六、"金嗓子"周璇来宁下榻安乐酒店

"这不是金嗓子周璇吗？那个唱歌非常好听的大明星。""是的，就是她，我太幸运啦，竟然遇见了心中的女神。"当有人在安乐酒店认出周璇后，喜不自禁，不免有些失态。喜欢明星，不同时期都会有"追星一族"，以及大量的粉丝存在。更何况是那个有着银铃般歌喉的纯真美女，更是招人喜爱。

"巍巍的钟山，巍巍的钟山，龙蟠虎踞石头城，龙蟠虎踞石头城。啊，画梁上呢喃的乳燕，柳荫中穿梭的流莺，一片烟漫，无边风景，装点出江南新春，装点出江南新春……啊，莫想那秦淮的烟柳，不管那六朝的金粉，大家努力向前程。看草色青青，听江涛声声，起来，共燃起大地的光明。"这是 20 世纪 40 年代南京城百姓都会哼唱的一首歌《钟山春》，它是 1941 年由张石川导演的电影《恼人春色》中的主题曲。

歌曲第一段介绍了南京的钟山、石头城以及江南风光，又在第二段中加入了"大家努力向前程"和"起来，共燃起大地的光明"两句，真实反映出当时南京积极向上的民情。《钟山春》的词作者是红极一时的"江南才子"范烟桥，他还是该片的编剧。

范烟桥一生著述颇丰，有《烟丝》《中国小说史》《范烟桥说集》《吴江县乡土志》《唐伯虎的故事》《鸥夷室杂缀》《林氏之杰》

周璇

《离鸾记》《苏州景物事辑》等。1936 年开始涉足影剧界，于 1939 年改编叶楚伧所著小说《古戍寒笳记》，为电影剧本《乱世英雄》。1940 年为国华影业公司改编电影剧本《西厢记》《秦淮世家》《三笑》等，拍成电影后连连叫座，其中，周璇主演的《西厢记》中主题歌《拷红》《月圆花好》非常好听，在国内流行特广，会哼唱者甚众。1942 年所编电影剧本《无花果》《解语花》均系原创，1947 年所撰电影剧本《陌上花开》，经洪深、吴仞之修改，由香港大中华影业公司摄制，易名《长相思》。女主角为周璇，她将大时代中小人物的命运表现得淋漓尽致，令人叫绝。

范烟桥把自己的满腔热情融入《钟山春》歌曲中，旨在通过电影将其广泛流布，用以激发广大民众的爱国心。

作曲则是湖南湘潭"黎氏八俊"中的老七黎锦光，中国流行歌坛的开拓者和奠定者。他写曲速度快，质量高，《夜来香》《香格里拉》《拷红》《采槟榔》《五月的风》《叮咛》《慈母心》《疯狂世界》《星心相印》《相见不恨晚》《送你一支玫瑰花》等数百首流行歌曲，皆为其作品。而《钟山春》的演唱者，就是红遍大江南北的明星周璇。

回眸红颜往事，周璇的芳名一定不会让你忘却，如果没有她的存在，歌坛就少了一种委婉，影坛则缺了一抹清丽。

周璇的一生富有传奇，身世不明，且多遭劫难。又生来一副好嗓子，其歌声有着一种独有韵味，因而在各种歌唱比赛中频频崭露头角。诚如她在给《万象》杂志写的文章中声称："我自幼爱听人家唱歌，耳音也好，常常跟着哼，一遍两遍，三遍四遍就能上口了，在学校里，我唱歌的成绩总是第一名。"

至于她的名字，其由来亦有不同版本，最具情节的说法是源于她参演进步歌舞剧《野玫瑰》，并担纲主题曲《民族之光》的演唱，其中有句歌词叫"往前进周旋于沙场之上"，得到观众一致好评。导演黎锦晖灵机一动，建议她易名"周旋"，于是，"周小红"的名字悄然淡去。其后，又将"旋"改为"璇"，既同音，又有美玉之意，对她来说更是名副其实。

正是周璇在《野玫瑰》中的成功表演，使她迅速走红，走进了众多观众的视野和内心，开始了她惊艳的演艺生涯。

1934 年，周璇参加了上海《大晚报》举办的播音歌星大奖赛，其结果连她自己都感到震惊，不仅与当红艺人白虹、汪曼杰并列前三名，还被报刊评论为未来新星。她银铃般清脆悦耳的嗓音，沁入人心，为电台所倾倒，她也因此获得"金嗓子"的美名，当时她仅 14 岁。1937 年，上海艺华影业公司拍摄歌舞片《三星伴月》，由周璇出任主角，

并演唱了主题歌《何日君再来》，她用美妙歌喉最好地诠释了故事的缠绵，迷醉了观众。转年，香港影片《孤岛天堂》引用了《何日君再来》一曲，周璇的歌声从此风靡大江南北。

接下来在《马路天使》中演唱的《四季歌》和《天涯歌女》，那一腔地道的海派韵味，迅速成为当时最具魅力的歌曲，而周璇则成为国语流行曲史上的金字招牌。她出演了 40 多部电影，成为上海滩的大明星。1947 年接受上海《电影杂志》采访时被问及哪一部是她最满意的影片，周璇很谦虚地回答："我都觉得不满意，不过《马路天使》最值得我怀念，因为许多朋友都喜欢它。"

20 世纪三四十年代，但凡周璇主演的电影在南京上映，总会引起轰动。1943 年 9 月 12 日由素有盛誉的卜万苍导演，由周璇、顾也鲁、韩兰根等主演的电影《渔家女》在大华大戏院首映，他们专门推出了精美的宣传册，内中有记者对周璇的访谈、导演卜万苍的感言等。

民国时期，南京各大影院凡是有新片上映，一般都会印刷一种宣传手册，或卖或赠，宣传册上有影片梗概、看点，主题歌的曲谱，演职员名单，导演和主演介绍，记者对主角的访谈，有的还附有导演写下的感言。

当时，卜万苍写给南京观众的感言名为《期待严正的批评》，这位著名导演回顾了影片的拍摄过程，提到剧组人员在苏州天平山拍外景，饿了就随便吃点西瓜，或者向农民买点稀饭，"但大家毫无怨言，越工作越有劲"。最后，他真诚地提出："《渔家女》

已经于今日在南京大华上映了，我在这儿十二万分地期待着南京观众给我严正的批评！"

宣传手册中的《周璇访问记》，则可看作民国时期的娱乐报道。记者描述，去登门拜访周璇时，她亲自开门，"小小的个子，穿着蓝布旗袍，梳着两条细长的小辫子，脸上堆着活泼的笑"。完全没有大明星的架子，拍戏时总是遵守工作时间，服从导演指挥，有的镜头试了又试、拍了又拍，她总是百般耐心，毫无怨言。所以，她的成功，绝非偶然，细节决定一切。

《渔家女》讲述了一个曲折的爱情故事。它在上海首映时曾是万人空巷，该影片也是周璇在演完《梦断关山》息影一年多复出后拍摄的第一部影片，在民国电影史上占有重要地位。

然而，与电影屏幕中所塑造的众多成功角色大相径庭，周璇的真实人生却颇多坎坷。她与明月歌舞社的严华、绸布商人朱怀德、电影美工唐棣的几次婚恋，有过欢乐、有过幸福，但最终皆以不幸为结局，这样的收场令她无尽感伤，并深刺其心。她承受不了，难以自拔，导致精神失常，一代歌后就这样香消玉殒，年仅 37 岁，似乎应验了那句红颜薄命的咒语。

十七、"中国篮球之父"董守义同家眷入住安乐酒店

作为"三大球"之一的篮球，是较早引进中国的体育项目，清末的一些大城市如天津，已有洋人打篮球。因为有趣，这项运动很快就在津门得以传播，首先是在校园里。当时一个 12 岁的小孩就十分迷恋篮球，几乎到了疯狂的地步，他就是日后成长为中国"篮球之父"的董守义。

人来人往，进进出出，这是酒店的常态，原本很平常，所以没人会过多注意，1946 年的仲夏，安乐酒店住进了一家人，男主人伟岸的身材多少还是引起了酒店服务生的关注。他个子挺拔，一副运动员的身板，看上去就给人以一种力量，走起路来大步流星。他几乎每日准时外出，按时而返。一天的忙碌，似乎并未给他带来太多不适，感觉就像是一个永不知疲倦的人，他就是著名体育教育家、活动家董守义。

143

南开学校为表彰董守义的
功绩，赠予他一枚奖章

董守义（1895—1978），河北蠡县人。1907 年考入保定的同仁学堂。学生时代就爱好体育，各项运动成绩优异，尤其酷爱篮球，那是来自新任体育老师的启蒙。他将两只没有底的竹筐钉在操场两端的树上，然后做出示范，拍球、运球、投篮，皮球不偏不倚，正中竹筐。董守义看呆了，问："老师，这叫什么球？""筐球。"当时还这么叫。于是，他也学着做，一次、两次，终于将球准确地投进筐里。这也太有意思了，自此就爱上这新奇的运动，一发而不可收。

经过刻苦训练，他的球技渐增，成为学校的头号选手。1910 年初，他来到北京通州协和书院读书，成为该校篮球队的中锋并身兼队长，此外，他还是足球队、田径队的队员，可谓是全能型的选手。

在校期间，他代表学校参加了三届华北运动会、一届全国运动会。

1916 年毕业后，于 8 月经天津青年会体育主任美国人蔡乐尔介绍，任该会体育部练习干事，以青年体育会为中心，开展学校与社会篮球活动。

1917 年 5 月，董守义担任中国篮球队队长，参加了在东京举行的第三届远东运动会。同年 11 月由天津青年会保送到上海青年会体育学校学习，后由美国人麦克乐介绍到上海东亚体专和爱国女校体育科任教。1919 年任天津青年会体育干事，应校长张伯苓聘请，任南开学校体育教师兼篮球队教练。1923 年任天津篮球队教练，代表中国参加日本大阪第六届远东运动会的篮球赛。

1923—1925 年赴美深造，在春田学院的 700 个时日，他以自己的努力和才能赢得了尊敬，这个黄皮肤的龙之传人绝非"东亚病夫"。他成为美国中部青年夏令营体训班网球比赛的双打冠军之一，又是棒球赛的冠军成员，还作为学校网球队队长，夺得美国东部青年会夏令营网球比赛单打和双打的双料冠军，又是校橄榄球队的中锋，绝对是一个全面发展的体育尖子。校方对他极为赏识，有意在其毕业后留校工作。

但董守义心存高远，他早就暗下决心，毕业后报效祖国，为中国的体育事业贡献自己的一份力量。1925 年 7 月，他毅然回到天津，在南开大学任教，并担任天津青年会体育部主任。他积极指导校各代表队训练，尤重篮球队的技术提升，发现和培养了威震全国的"南开五虎"，1928 年获华北篮球赛冠军，为学校争得了极大荣誉。继之赴上海参赛，连克华东区篮球冠军上海沪江大学代表队等三支著名球队，又战胜正在沪上的远东运动会篮球冠军菲律宾圣堤托马斯大学队。同年，代表天津篮球队参加第四届全国运动会，问鼎冠军。1929 年，华北运动会在山西太原举行，有三十几个队参加篮球比赛，甚为激烈，董守义率领的南开大学队过五关斩六将，一举夺魁。这期间，他被选为天津体育协进会理事，1930 年出任北平师范大学体育系教授兼民国大学体育主任。其后，作为中国篮球队教练，他率队先后参加了第八、第九、第十届远东运动会。

1935 年，董守义出任全国体协理事、国民政府教育部国民体育委员会委员。1936 年任中国篮球队教练，参加柏林第十一届奥运会和国际篮球会议，被选为国际篮球裁判会会员，曾到苏联、波兰、德国、意大利、法国、英国、美国等十几个国家考察体育。遗憾的是，中国篮球队在本届奥运会上无甚作为。此前，各地体育协会积极选拔人员并已拟定名单，呼声最高的"南开五虎"毫无争议地全部入选。孰料，1936 年 1 月突发变故，为了照顾各地体育协会的利益，初选名单作废，改为通过全国比赛选拔的方式重置人选。恰巧，"南开五虎"正随队在南洋参赛，无法及时赶回，错过了选拔，也失去了参加奥运会的机会。最终，一支实力并非最强的中国篮球队铩羽而归。

1938 年后，董守义在西北联大体育系任教，并兼任中华全国体育协进会副总干事、代总干事、总干事及国民政府教育部国民体育委员会委员、专任委员、常务委员等职。1947 年被选为国际奥委会委员，同年 6 月到瑞典参加第四十届国际奥委会。1948 年参加在伦敦举行的第十四届奥运会，任中国代表团总干事。此时国内，国民党政权已处风雨飘摇之中，无暇顾及远赴英伦的中国代表团。因付不起房租，他们只能住在一所小学里，是当时唯一未入住奥运村的代表团。几无后勤保障的中国代表团孤军奋战，终因实力不济，招致全军覆没。

同年，出任浙江体专教授兼浙江大学篮球队教练。

说起中华全国体育协进会这一组织，其历史可以追溯到 1910 年 10 月 18 日由唐绍仪、伍廷芳、王正廷、张伯苓等发起成立的"全国学校区分队第一次体育同盟会"。当时是因为将在南京举行中国第一届全国运动会，这也是"中国第一届全国运动会"的原始名称，其筹备会被视为中国一个全国性的体育团体，即相关组织的雏形。

1921 年，中国各地区体育联合会代表在上海集会，选出临时领导机构。次年 4 月 3 日在北京召开"中华业余运动联合会"成立大会，时任外交部部长的王正廷博士担任首任主席。

1924 年 5 月 22 日到 24 日在武昌举办第三届全国运动会，实际负责筹备的是汉口青年会体育部主任郝更生等四人。由于该运动会汇集全国体育界领导人士，大家皆认为需

成立全国性体育团体，以统筹推进全民体育，举办全国性运动会，进而参加国际竞技活动。几度会商，推选八名筹备委员成立了筹备机构。7 月正值中华教育改进社在南京举行第三次年会之际，各地代表集会通过章程，于 8 月 24 日召开第一次全国代表会正式成立中华全国体育协进会，推举出名誉会长张伯苓、主席董事王正廷，沈嗣良为名誉主任干事。董事会由 15 人组成。1927 年郝更生继任会长。

1933 年 10 月 14 日，中华全国体协改选，增加新董事九人，张伯苓当选会长，王正廷为主席董事，沈嗣良为名誉主任干事，其余董事有袁敦礼、郝更生、高梓、吴蕴瑞、马约翰等。1935 年 10 月 11 日召开第三次全体代表大会，根据第二次修订会章，将会长名义取消，主任干事改为总干事，董事名额增为 15 名，当选主要负责人仍为张伯苓、王正廷、沈嗣良。1937 年 7 月全面抗战爆发，中华全国体协随政府西迁重庆，总干事沈嗣良因圣约翰大学校务牵绊而未及撤退，其后一段会务停顿。

1941 年 2 月 1 日张伯苓等在重庆沙坪坝南开中学召开中华全国体协董事会，聘董守义为副总干事。次年 10 月召开临时董事会，依法改组，原任董事改称理事，原任名誉董事改称监事，组成理事会及监事会，推张伯苓为理事长，商震为常务监，附设六种委员会，总干事下设一室三组，组织各省市县分、支会。11 月在大田湾修建平房两幢，1943 年 1 月迁入办公，董守义后任代总干事及总干事。

抗战胜利后，国民政府还都南京，中华全国体协亦随之迁往。董守义一家又来到这

座城市，继续开拓他为之奋斗一生的体育事业。但囿于多种原因，无论是竞技体育，还是大众体育，发展的脚步甚慢。但董老的心血没有白流，他奠定的体育基础，还是为新中国的体育事业起到了一定助力作用。

十八、赵寿山将军安乐酒店脱险记

挂在安乐酒店二楼靠里的一间房屋门上一块"赵寓"的牌子，颇令人注目。房间里住的是一位军人，姓赵名寿山。

赵寿山（1894—1965），原名赵生龄。陕西户县人。1913 年毕业于陕西陆军测量学校，历任冯玉祥部少校参谋、杨虎城部南阳城防司令、汉中绥靖区司令等职。

1936 年春，蒋介石调赵部到陕北进攻红军，赵寿山心有不愿，遂以看病为名赴北京、南京、上海等地，深感国难迫在眉睫。回陕后向杨虎城上书，停止内战，逼蒋联共一致抗日，并首倡"兵谏"。

"西安事变"中，赵寿山和孔从洲等受命指挥西安方面的战斗，并任市公安局长，维持社会秩序，其间多次受到中共代表周恩来、叶剑英的帮助和教育。"西安事变"解决后，杨虎城部十七路军缩编为三十八军，赵任十七师师长。

抗战爆发后，三十八军开赴华北前线，赵部先后转战河北、山西。12 月回西安途经延安时，受到毛泽东等接见。1938 年夏，赵寿山升任三十八军军长。1940 年冬，蒋介石下令调赵部开赴河南，他深感国共合作无望，遂于1942 年10 月经彭德怀介绍秘密加入共产党，成为中共特别党员。

当年在三十八军内外，军长赵寿山"亲共"几乎无人不知，这让蒋介石深感不安，遂于1943 年冬调赵寿山到重庆将官团受训，继而再明升暗降，派其远赴甘肃出任第三集团军总司令。1946 年8 月，更是一纸令下，撤销他第三集团军总司令之职，并以"出国考察水利"之名调往南京。因居无定所，便暂住安乐酒店。中共得知后遂暗中派人前来策应，他以等候办理护照为名，对外宣称去苏杭等地游历，趁机脱离了国民党集团。

说到赵寿山的这段特殊经历，一个名叫王再新的青年曾受命参

147

赵寿山

与此事。王再新原名王明世，抗战期间加入中国远征军对日作战。1944 年年初中国军队在杜聿明倡议下组建空降兵，他于次年被挑选入队。当年夏，参加空降湖南衡阳虹罗庙突袭日本驻军的行动。抗战胜利后随部队移驻南京，在他的协助下，赵寿山顺利悄然出走。

王明世的伯父叫王幼诚，陕西扶风人。1922 年起进入北京大学预科就读，学习期满后于 1924 年转入经济系读本科，受李大钊先生影响，于 1925 年加入中国共产党。后回陕西从事农会与兵运工作。1928 年参加渭华起义，失败后转入地下活动，投靠孙蔚如部。1936 年 12 月初经孙蔚如推荐任临潼县长。他与西北军高级将领赵寿山相熟。赵寿山与王幼诚常去王明世家，故他称赵寿山为"赵伯"。因为有这层关系，中共党组织派人私下找到王明世，告知他赵寿山目前就在南京，被蒋介石收了兵权，实际上是被软禁起来。此次来就是受他的伯父嘱托，设法营救赵寿山。

数日后的一个周日，王明世处理完公务后就去了位于太平路上的安乐酒家。上了二楼，看到一间客房门口挂有"陆军第三集团军总司令赵寓"的牌子。他上前敲门，推开后，只见赵寿山从沙发上站起来高兴地说："明世来了。"茶房听声也赶来送开水，赵将军让他坐下，然后对茶房说："准备几个好菜！我们爷儿们要好好喝几杯！"

茶房走后，明世问："伯，你这么大的官级，怎么门口连个哨兵都没有？"他不满地说："这就叫光杆司令，老蒋还要我出国考察。回来不就和杨主任一样关起来？老蒋是记着当年西安事变的仇！咸阳你伯被撤职，就是事变招的祸。"

"伯现在南京，名义上是升官，实际上和蹲监差不多，出门见人散步都有'尾巴'跟着。老蒋让我出国，我说想带上家里娃娃们，老蒋也答应了。以后你有空就来，碰上我不在，你就叫茶房给你开门等我回来。"正谈话间，茶房伙计端来菜和饭，明世和赵寿山边吃边谈。

之后数月，王明世经常去安乐酒店，赵将军领着他到夫子庙、莫愁湖、灵谷寺、明孝陵等处游览。

最初，他们以"父子"名义出游时，总有人尾随监视。后来出去次数多了，且晚上按时归，那些"尾巴"认为没事，就不再跟了。这样过了大半年，大概是 1946 年初冬的一天晚上，赵寿山突然对王明世说："你明天去买两张火车票。"他问："伯，你要去哪？"将军说："去哪里都行，只要离开南京就成。"

次日，王明世赶到南京火车站，买了两张去上海的票。随后回到安乐酒店，在确认自己没被盯梢后这才上楼，把票送到赵将军手里。

赵寿山离开南京的那晚，王明世按约定准时来到安乐酒店，赵将军为了掩人耳目，高声喊来茶房吩咐道："你把洗澡水给我烧好，我和儿子看戏去，回来要洗澡！"他们从酒店出来，乘上黄包车直接去了下关火车站，明世将赵将军送上车，顺利离开南京。

到了上海后，赵寿山又转赴天津，于 1947 年 3 月到达晋察冀解放区，随后去陕北，受到毛泽东和周恩来的亲切接见。1948 年 1 月，赵寿山出任西北野战军副司令员，加入指挥西北解放的行列。

很快，赵寿山起义的通电出现在解放区报纸上，蒋介石这才发现，本来应允"出国"的赵寿山竟然参加了革命队伍。

十九、"国大"代表李思纯赴宁参会入住安乐酒店

抗战胜利后的 1945 年 11 月，国民党单方面宣布将于 1946 年 5 月 5 日召开国民代表大会，即"立宪"国大。1946 年 1 月，在政治协商会议召开之际，当局于 17 日提出《关于召开国民大会之意见》，再次提议国大将如期举行，政协就此通过了大体合乎各党派意愿的

决议。孰料，国民党于3月召开的六届二中全会上，为了一己之利，无视政协所形成的原则，对其恣意修改。这引起公愤，国大因而受到众多党派的强烈抵制，只能延期召集，另择时日进行。就这样，一拖再拖，直至内战爆发之初的7月3日，国民党再次自主宣布于11月12日召开国大。

作为川康代表，李思纯于11月8日由成都赴南京参会，住进了由大会统一安排的安乐酒店。对于六朝古都，他并不陌生，此前他曾执教于东南大学（中央大学的前身），对这里的一切，还是深有记忆。如今，故地重游，他的思绪有些飞扬，不由自主地回味起过往，钟山、玄武湖、明孝陵、鸡鸣寺，还有许多历史古物遗迹。他感慨系之，心中默默地念叨，我又回来了。

李思纯（1893—1960），字哲生。四川成都人，生于云南昆明。著名历史学家，专攻元史。自青年时代，就表现出积极的人生态度。1919年加入中国少年学会，在《少年中国》学刊上发表了诸多文章，如《国语问题的我见》《信仰与宗教》《诗体革新之形式及我的意见》等。当年秋，赴法国巴黎大学勤工俭学，后转赴德国柏林大学就读。1923年归国，执教于东南大学，任法语和法国文学教授。后离宁回川，辗转北京、成都，先后任职于北京师范大学和北大预科、成都师范大学和成都大学。抗战爆发后，入四川大学任教，为师范学院史地系主任。

抗战胜利，不知是有心从政，还是另有所谋，他似乎有些向政治靠拢。此前，因曾受川康边防总指挥兼西康建省委员会委员长刘文辉之聘出任顾问，其后则由其保荐成为西康省"制宪国大"代表，由此踏入了这一是非之地。

对于西康省，多数人有所不知，这里简单介绍一下。西康省，简称康，是原省级行政区，共存在16年。省名来于境内的康巴藏区，省会曾设于康定、雅安等。

1946年5月和11月，李思纯两度赴首都参加"制宪国大"会议。第一次是于5月8日飞抵南京，出席国民大会的准备会，前后凡五次，主要是讨论会后休会期常设机构的职权问题。众代表各抒己见，争论比较激烈，看得出有较强的权利意识。第二次就是上述提到的11月8日参加正式大会。这一次与此前的准备会大不相同，因涉及重大议题，并需代表通过，所以感到气氛有些紧张，当局明显有控制国大之举，以确保顺利进行，达其目的。尽管如此，国民党欲把"制宪国大"开成一党控制的大会，殊为不易，这一方面是全国并不具备绝对的组织权威和高度的政治凝聚力；另一方面不同党派的"国大"代表亦有自己的独立性，需要表达个人的想法，绝不随波逐流，更不会任人主宰。即便是国民党中的代表，也并非完全统一听令。

作为大会的正式代表，李思纯亲历会场，所见皆为真实的一幕，他为此记下了种种看到的细节和点滴。因此，作为历史学家所录的《金陵日记》，具有相当的准确度，有一说一，毫无顾忌；是非曲直，无须遮掩，故而具有较高的史料价值。不仅透视出会议的全过程以及当局所为，包括其中的复杂、微

1946年12月，南京。
国大代表拜谒中山陵

妙以及莫测，亦可管窥民国知识分子在 20 世纪 40 年代的一段真实心态。

李思纯赴南京出席国大，似乎已看透了当时的家国大势，故而其心思并不全在于会事，而是将其作为个人游历交友，甚至谋业挣钱的一个极好机会。

由于"制宪国大"问题多多，时有争吵，且大会纪律松弛，难有正常秩序，故参会代表比较随意自由，缺席情况屡见不鲜。如在预备会期间，李思纯即应浙江大学校长竺可桢之邀，赴杭州讲学游

1946 年 12 月，南京。国大代表们在会场休息时间合影

1946 年 12 月，南京。国民大会"制宪"会议结束后国大代表步出会场，记者蜂拥采访

像 玉 劉 席 主 府 政 省 川 四

刘文辉

历三日。而 12 月的大会期间，他还离会出游扬州二日，领头者则是西康省政府主席刘文辉。关于此行，他在日记中有载："晨六钟与铁夫（李铁大，西康代表）至中华路和成银行，偕杜履谦（西康省宁属屯垦委员会秘书长）、杨家桢（西康边防总指挥部参谋处处长）四人乘汽车至中山北路，会同刘自乾（刘文辉）及其医官副官二人，共 7 人，分乘汽车二辆到下关车站。"然后转车抵镇江过长江开始二日游。一路逛山望水，心旷神怡，早把会中之事忘却脑后，于 8 日游毕归来。此行全为刘文辉招待，费用约数十万元，而李思纯分文未花，却获多年夙愿，甚感幸哉。国大会议召开期间，刘省长居然亲自带头，邀约友好游山玩水。这一方面可以看出，作为非国民党嫡系之地方派人物，不屑于这次大会；另一方面亦足见会议之乱。

参会代表是有补助的，当时每位每月津贴为 30 万元，12 月 25 日制宪三读会结束，李思纯"当天中午即领得十二月公费三十万"。他与会两月，共领到 60 万元。不得不说，收入颇丰，这会开得既有面子，又很实惠，是名利双收。由此大体可以推断，李思纯关心政治，参与各类相关活动，还是有经济上的主因，待遇不薄。

或许是天性使然，李思纯与一般教授有别，他擅长交际，是当时学人圈中的活跃分子。所以，他在会外的另一重要内容，就是会晤文人与朋友。相聚人物众多，皆为社会名流，如于右任、曾琦、李璜、梅贻琦、陈寅恪、傅斯年、李济、竺可桢、章士钊、顾颉刚、邵力子、余中英、林虎、刘文岛、俞大维、左舜生、陈启天、杨森、唐式遵、陈登恪、任鸿隽、陈长蘅、常乃惪、朱经农、方东美、陶希圣、牟宗三、贺麟、谭其骧等政学人士数十人，旧友新知不亦乐乎。

二十、"香港梦露"四届亚洲影后林黛安乐酒店问艺

"这是程思远的千金，文艺青年，她可是您的'迷妹'，特喜欢您的表演。今天有幸前来相见，您可要好好地开导她。"

"来来来，让我看看，啊，这小姑娘真的漂亮，一双明眸，炯炯有神，清澈透亮，仿佛会说话。若是今后要从事演艺事业，假以时日，一定会有出息。"

此番赞美者，不是别人，正是大名鼎鼎的一代影后胡蝶。而所

言之女生，则是后来有着"香港梦露"之称的著名影星林黛，她曾在银幕上塑造了许多让众生倾倒的形象，成为一代影迷的梦中情人。

不过当时林黛只是一名中学生，有幸见到自己的偶像，喜好文艺而落落大方的她，当场就"秀"了一把，并向胡蝶讨教该如何表演。这可把在场的人逗乐了。小小年纪，居然如此成熟，未来可期。

林黛原名程月如（1934—1964），广西宾阳人。林黛是其英文名Linda的译音和艺名。

说到林黛的身世，非同寻常。其父程思远（1908—2005），民国政坛的风云人物，著名政治活动家。意大利罗马大学研究所毕业，政治学博士。青年时代投笔从戎，回国后投入抗战，亲历了著名的台儿庄战役。1938年至1942年出任国民政府军事委员会副参谋总长白崇禧秘书。作为桂系的智囊，他周旋于蒋介石、李宗仁之间，可谓举足轻重，逐步成为桂系核心人物。参与筹划了反

林黛

程思远

蒋、助李宗仁竞选"副总统"、逼蒋下野、与共产党和谈等重大历史事件。著有《蒋李关系与中国》《李宗仁先生晚年》《政坛回忆》《政海秘辛》《白崇禧传》《我的回忆》。母亲蒋秀华，亦出身名门，博学多才、端庄贤淑。

尽管生长在这样一个书香门第，但程月如的童年并不快乐，其后的成长也没沾家族的光。时局动荡，程思远每天政务缠身，四处奔走，很难抽身陪伴母女俩。在她的印象中，是很难感受到平常孩子所享有的那般父爱。由于战乱关系，其童年生活颠沛流离。

抗战胜利后的 1945 年年底，程月如跟随母亲辗转从安庆来到南京。经表姐蕲丽珍安排，进入保泰街上的光华女中读书，后因不满这所学校沉闷的气氛，遂要求转学。

1948 年春，古都南京绿意盎然，位于中山路上的汇文女中转来了一位新生，她就是程月如。未满 14 岁的她活泼聪慧，爱唱歌、跳舞，具有表演天赋，积极参加学校剧社的话剧演出，成功地饰演了曹禺名作《雷雨》中的苦命少女四凤，给人留下了深刻印象。

就在这年夏，著名影星胡蝶再度赴首都南京宣传影片，住在安乐酒店。因为父亲的关系，程月如有幸拜见了这位大明星。一心有着从艺梦想的青春美少女，趁机向"老戏骨"讨教表演技巧，让在座的大为赞赏。虽然这只是一次短暂的相遇，但对她多有影响。林黛后来成名，或许就缘于这一次的心灵碰撞。

林黛后来随家人赴港定居，在新亚书院继续求学。1951 年的一天，林黛为著名摄影师宗维赓开办的"沙龙影室"拍了一组照片，其中一张放大后摆在橱窗内，为当时长城电影制片有限公司总经理、著名导演袁仰安不经意中发现，顿时眼睛一亮，当即找她试镜，感觉甚好，遂被录用，成为该公司的演员。

然而，林黛在长城一直没有拍电影的机会，1952 年，她在严俊的推荐下改投永华影业公司，很快就得到出演的机会。处女作是根据沈从文的名著《边城》改编的《翠翠》，她以梳着两条长辫子、天真活泼的摇船姑娘形象一举成名。之后，永华经济不景气，拍摄几乎陷入停顿。于是林黛先后投身国际电影懋业有限公司和邵氏兄弟有限公司，拍了不少影片，成为炙手可热的红星。其中由电懋出品的《红娃》在香港上映时，一举打破了当时港台地区国语片的卖座纪录。

1957年，林黛凭民初时装片《金莲花》首夺在东京举行的第四届亚洲影展女主角奖；1958年凭古装黄梅调歌唱片《貂蝉》再夺在马尼拉举行的第五届亚洲影展女主角奖。林黛两夺亚洲影后，名声大噪，片约不绝。但林黛为不断提高自己的演技，毅然中断演出，于1957年12月赴美国哥伦比亚大学戏剧系深造。在美期间，她曾接受《美国之音》记者采访；日销60万份的《纽约时报》刊登关于她的特写：并不是好莱坞的故事都发生在好莱坞，世界上每一个角落里都有美丽的女孩子。林黛在没有投身影界之前，只是一个普通的香港女生，机会的开始，是一位摄影商人把她的照片陈列在沿街的橱窗里。另一位远东的制片人，看到照片后走进来询问她的姓名。从那一时刻起，林黛就扶摇直上，到了今日成为中国最卖座的明星之一。这个娇小玲珑的美丽女郎，被认为继燕窝汤之后的远东地区里最伟大的发现。而且唯有嘴馋的人才会认为燕窝汤比林黛更伟大。据喜欢"东方迷"的影迷估计，一个林黛，抵得上二十五名苏丝·帕克，八名珍曼丝菲，及一大把玛丽莲·梦露。她在纽约市区游览……林黛来自东方，照例穿着她们独特的开衩旗袍，但是在到达美国的第二天，就看见她在旅馆里忙着穿针线，做一些临时的缝补。她指膝部以上、臀部以下的部位解释道："我稍微缝上一点，因为走在大街上引起太多的注意，好像许多行人都眼睁睁地看着我呢。"……虽然她曾经主演过几十部影片，而她最喜欢的彩色片《红娃》也即将上映，

但林黛仍然是一个天真无邪的女孩子，她一下飞机之后，连晚饭也顾不及吃，就跑到泰晤士影场去看纽约的内景，并同时在雷电华城里漫步一番……

这趟美国之行，林黛邂逅前云南省长龙云的五公子龙绳勋，二人在1961年2月12日于九龙玫瑰堂举行婚礼。

林黛婚后正式加盟邵氏，1961年凭歌舞片《千娇百媚》三夺在吉隆坡举行的第八届亚洲影展女主角奖；1962年又凭爱情悲剧《不了情》四夺第九届在汉城举行的亚洲影展女主角奖。四膺影后的佳绩，不仅为林黛个人艺术生命写下了光辉一页，更是中国电影史上前所未有的成就。从此林黛蜚声国际。而同年公映的《白蛇传》，亦打破了香港地区中外影片卖座纪录。

1961年12月，林黛与粤语片"天才童星"冯宝宝结为谊母女；1963年4月6日，林黛在纽约郊区的医院生下一子，取名龙宗瀚。

谁曾料到，就在林黛事业如日中天之际，1964年7月17日，她因"家庭细故"，在跑马地寓所开煤气及喝药自杀，返魂无术，终年30岁。死讯传出，令人震惊，出殡之日，万人空巷，遗体安葬跑马地天主教坟场。

1966年，林黛未完成的遗作《蓝与黑》荣获第十三届亚洲影展颁发的特别纪念奖。

1995年11月15日，香港邮政局推出一套四款不同面额的"香港影星"邮票系列，林黛是唯一入选的国语片明星，其他三位分别为李小龙、梁醒波和任剑辉。林黛虽然离世已超过30年，但其倩影仍旧深深镌刻在每个影迷的脑海中。

二十一、"神秘客"刘子衡赴南京斡旋下榻安乐酒店

1949 年 4 月 5 日，清明节，细雨纷纷。一架专机飞抵南京大校场机场，从机上下来几位不速之客。因时局紧张，已到了存亡所系的最后节点，所以有大批新闻记者前来采访，希望从中能得到一丝信息。但囿于特殊原因，他们拒不披露身份与使命。尤其是其中一位，"衣着黑色旧棉布袍，戴灰呢帽，极似内地之乡村教师，绝不像奔走南北之政治使节"，故而当时京沪各报都以"神秘人物"和"神秘客"加以报道。

有关这一情况，程思远在其回忆录中称：李宗仁派出的和谈代表团北上以后，4 月 4 日晚，他接到负责代表团交通工作的刘仲华（中共党员，长期在李宗仁身边当参议）的长途电话，要派一架专机明日到北平去接人。李宗仁原以为是代表团有人要回，谁知程思远去接机时，接到的却是李济深的代表朱蕴山、李民欣和一位山东人刘子衡。据说后者与参谋总长顾祝同关系甚密。于 3 月间秘密北上的

刘子衡（中）与友人合影

刘仲容也同机南下。

为了避见新闻记者，几位驱车迅速离去，各自分散入住，刘子衡则秘密下榻安乐酒店。

刘子衡，时人称之"布衣大师"，当年许多国民党军政要员与之相交，甚至拜其为师。他究竟何许人也？

刘子衡1903年生于山东滕州，自幼聪明过人，读书过目不忘。早年考入曲阜省立第二师范，因见解独特，能言善辩，总有异乎常人之举，得绰号"刘大仙"。后因"子见南子"案为人所识。被开除后，在蔡元培的照拂下，考入青岛大学（山东大学前身）。虽修中国文学，尤爱经史子集，更擅《易经》，多有心得，曾言"读书破万卷，以《易》为经"，"察大道之消长，悟世运之穷通"。因"不务正业"，被同学戏称"刘浅薄"。

1936年大学毕业，暑期到南京给国民政府主席林森讲学，内容为"俱立则治，共同抗日则民族可兴；偏离可乱，内战不休则国家必亡"，林森听后赞赏不已。

抗战期间，他先后到南京、西安、宝鸡、上海、成都、桂林、重庆、上饶、衡阳等地，利用给林森、冯玉祥、李济深、柏文蔚、于右任、何应钦、顾祝同、白崇禧、朱绍良、董钊、李延年、李玉堂、王耀武等军政要员讲学的机会和关系，宣传一致抗日主张。

抗战胜利后，林伯渠函告刘子衡，要他利用讲学活动投入反内战斗争。在重庆国共和谈期间，刘子衡乘坐俞飞鹏、顾祝同派来的黄埔号专机到渝商谈国是，他在重庆招待会上演讲《救时纲要》，反对内战，宣扬和平民主建国。其后，奔走于上海、南京、徐州、

郑州、滕县、兖州、曲阜等地，进行相关活动。

刘子衡不仅学术造诣匪浅，更令人敬佩的是风骨傲然。其一生有三件大事足以一表：一是学生时代的"子见南子"案；二是内战时期公开发表反对内战的《"打不得"九论》；三就是1949年国共和谈中的穿针引线，他以无党派人士身份赴南京面见李宗仁，敦促其接受共产党"八项和平条件"。这里，我们只分享后两次，重点放在最后一次。

1946年6月，蒋介石孤注一掷发动内战，时局瞬间转危。11月，刘子衡悍不畏死，在《山东公报》上发表了《"打不得"九论》，公开反对内战，引起举国轰动。

1949年，解放战争大局已定，但国民党希望能划江而治，提出和谈。4月初国共双方在北平举行和平谈判，但因战犯名单陷入僵局。李济深等人为了早日结束战争，组织了一个代表团去南京对李宗仁进行最后劝诫，希望他认清形势，下令停战，让战争早日平息，无党派身份的刘子衡就是其中一员。

4月7日，刘子衡等与李宗仁举行正式会谈。他直言："如果在今天毅然决然停战谈和，便是人民功臣，何虑'战犯'二字之不可免呢？德邻先生和与战两难之情，我能理解。既有此意，不妨直接发电向润之先生提出个人意见。我料想为有利于停战，造福于人民，他是会全面考虑的。谅不至吝于'战犯'二字上，或斤斤于对某一人的如何上。"

李宗仁听了认为有理，晚上特意请刘子衡草拟电文，他看后一字未改便发往北平。如其所料，次日毛主席即回电表示，关于战

《山东公报》书影

犯问题可以商量解决。于是陷入僵局的谈判重启。

其后，刘子衡与李宗仁又单独会晤多次，在许多问题上达成共识。并针对北平中共的回复，又为其拟好有关谈判的第二个电文。由于蒋介石在国民党内势力根深蒂固，作为代总统的李宗仁难以主事，犹豫不决之下，二稿胎死腹中。

4月15日，刘子衡发表《刘子衡和谈声明》，呼吁国民党不要贪恋权力，认清形势，还万民以太平。《申报》与《大公报》同时以头版头条予以报道，引起极大反响，但国民党内一片缄默。七天后，4月21日，解放军百万雄师发起渡江战役。

是为布衣，却为苍生，为民福祉，甘愿请命。身处危境的刘子衡全力斡旋，但和谈最终未果。在大军渡江的隆隆炮声中，他结束使命，乘机飞返北平。两天后，南京解放，旧桃换新符。

二十二、"黄梅戏女皇"严凤英从这里"入戏"

中华人民共和国成立后的一段时间，太平路上的安乐酒店，每周都会传出悠扬婉约的琴声和抑扬顿挫的京剧，原来是由票友组成的"友艺集"在此活动。每每于此，有位长相清秀的年轻女士总是默默地坐在一旁专心倾听，嘴里不时还跟着一齐哼唱。看得出她是非常喜爱，并有一定的戏剧基础。久而久之，引起了名票友甘律之的注意。一次，他邀约她一起唱上一段，没想到嗓音是如此甜美，甘律之听后大加夸赞，并称假以时日，必将出名。有了这第一次体验，自后她便一

心向学，汲取众人之长，演唱水平迅速提高。此人是谁？她就是严凤英。

严凤英是著名黄梅戏表演艺术家，可你有所不知，她在成名之前，曾与南京有一段不解之缘，而在安乐酒店度过的这段美好时光中，她学到许多，是受益匪浅。

严凤英（1930—1968），原名严鸿六。出生安徽桐城，由于父母离异，四五岁时回到祖父母居住的罗家岭，学唱了不少流传于当地的民歌。抗战爆发后，她的父亲回到家乡，闲居无事时，教她唱京剧，这使她与戏剧艺术有了接触。

十来岁时，同族中曾参加戏班的严云高将黄梅戏带回罗家岭，他一面开铺谋生，一

严凤英

面收徒授艺，严凤英由此与黄梅戏结缘。她始而偷偷学戏，继而拜其为师，取艺名凤英，正式成为他的女弟子，并学会了《送香茶》《春香闹学》等传统戏中的单折，很快崭露头角，受到观众欢迎。

从学唱民歌小调，到学唱学演黄梅戏，从四五岁到十五岁，严凤英逐渐走上了黄梅戏表演艺术之路。1945 年春，她在桐城练潭张家祠堂第一次登台演出，参演的剧目是《二龙山》。虽然在剧中扮演的是女寨主佘素贞的丫鬟，但却是她黄梅戏舞台表演的起点。为此，她触犯了族规，差点被捆起来淹死，可她却没放弃这条已然迈出第一步的道路，继续参加黄梅戏班的演出，终至离开家庭，从桐城唱到怀宁、枞阳等外县，唱到当时的省会安庆。先在群乐剧场演出，以《小辞店》《游春》两曲戏，一时轰动当地。

1947 年年底，严凤英避走南京时，由她的祖父护送，曾路经秋浦，在秋浦河两岸和殷汇镇上唱了三个月的黄梅戏。次年，由于时局动荡，不满 20 岁的严凤英不堪忍受恶势力欺凌，被迫出走上海，解放前夕又辗转到了南京。

此时国民党政权已处风雨飘摇之中，一个十八九岁的女子，孤身一人想在此谋生谈何容易！为生计所迫，严凤英易名严岱峰，在上乘庵著名的米高梅舞厅伴舞，兼做歌女。舞厅纸醉金迷的生活，不能满足严凤英一颗充满对艺术执着追求的心。

解放之初的南京，由票友组成的票社较为活跃。其中京剧票友在市军管会文艺处领导下，创办了"友艺集"京剧茶座，活动地点在太平路上的安乐酒店。这里除了业余票友，还吸引了许多专业演员来此演出，相互切磋京剧技艺。严凤英得知有这样的好机会、好去处，非常高兴，她为了提高自己的演唱水平，闲暇之余，常和友人一起去票社，并渐成活跃人物。

十分有幸，严凤英在那里结识了南京著名京昆名票甘贡三的独生子甘律之等一批唱念做打俱佳的名票友，此后有机会向他学唱昆曲《游园惊梦》等，得其悉心指点。严凤英对京昆艺术的刻苦追求，为其后来在黄梅戏中的精湛演技奠定了良好基础。她在"友艺集"学艺，也收获了爱情。

说到甘贡三，这里多言几句。他名鑫，字贡三。民国时期就读于中央法政大学经济科，但他自幼喜好吹拉弹唱，戏曲音乐无一不精，尤擅音律，三弦、琵琶、笙、箫、笛等乐器，人称"江南笛王"。他醉心京剧，酷爱昆曲，"嗓音高亢苍劲，行腔刚健简捷"，在当时名声在外。

甘律之则为甘贡三第四子，从小耳濡目染，环境熏陶；及长，从京剧、昆曲名家学戏，故而水平极高，是南京票友社的中坚。

当时，甘律之新丧配偶，心情抑郁，见严凤英活泼聪明，天资很高，内心很是欣赏。凤英见甘律之风度儒雅，故而从内心深表崇敬，渐渐地也产生了好感，于是两人由相识到相恋。

严凤英到了甘家大院，整天沐浴在那高雅优美艺术氛围中，如醉如痴，生活上又不需要再去奔波，免却了许多烦恼，于是在共同对艺术的追求中，凤英和甘律之的感情与日俱增，甘律之的父亲甘贡三也喜欢严凤英的天资和悟性，虽然两人门户有巨大差异，但还是同意他俩订下白首之盟。只是律之新丧，故未举行婚礼。

甘家在南京是有名的京昆世家，与之相交者均是戏曲大家和著名学者，如梅兰芳、吴梅等，这使严凤英眼界大开，吸收了大量的京昆艺术精华。甘家子弟多擅京昆，常常举家练功、排戏并演出，严凤英也成为其中一员，严格、规范的京剧昆曲训练，使她受益匪浅。

这些经历为她以后在表演上土气加洋气，打下了坚实的基础。甘宅，成了严凤英汲取养分的宝地，她如鱼得水，收获满满。不到一年，就学会了《大登殿》《御碑亭》《梅龙镇》《游园惊梦》《春香闹学》《琴挑》

等京昆名剧。这期间，她随友艺集演过《梅龙镇》《武家坡》《桂枝写状》等，还反串过《芦花荡》中的张飞。

说到黄梅戏，王少舫必须一提，他与严凤英是这个剧种的龙和凤。他俩相识于1947年，严凤英当时流落芜湖，在清乐茶馆卖唱；王少舫一家正好也辗转至此，住在娱乐场后台。那里已住了一些从各地汇聚临时搭班的京戏演员，自幼喜欢京戏的严凤英一有空就去娱乐场去看他们练功、演出，有时也跟着一起喊喊嗓子。那时凤英年仅十七，人长得漂亮，活泼开朗，嗓音又好，故而深受欢迎。王少舫虽是京剧演员，却热爱黄梅戏。不仅热爱，还唱过黄梅戏。严凤英本是黄梅戏演员，却又热爱京戏，喜欢学京戏，由此两人结缘。

这之后，严凤英辗转去了上海，又至南京。而王少舫一家于1950年从合肥回到安庆。进入"民众剧场"，成为管理者、导演和演员。在他的领导和组织下，剧场办得有声有色，影响很大，于是乎黄梅戏的各路人马闻风来投，演出水平日益提高。相形之下，另一个上演黄梅戏的"胜利剧场"却每况愈下，生存遭遇危机。怎样才能渡过难关，并与"民众"分庭抗礼？必须有自己的"角"才行。于是他们想到了严凤英，耳闻她在南京，就这样找上门来。

来人直抒己意，这一下子难倒了严凤英，虽然她自幼热爱黄梅戏，但自从唱黄梅戏以来，如无根浮萍四处飘零，如今好不容易有了安身之地，与丈夫的感情也十分融洽，现在要她立刻离开南京，离开甘律之，离开甘

甘家大院

家大院，心里怎能割舍？

　　来人凭着三寸不烂之舌，首先说动了甘律之。他考虑到凤英热爱黄梅戏，其表演已取得相当成就，如果为了眼前和小爱，断送了她一生的事业，于心何忍？他把这一想法告诉了严凤英，凤英冷静地考虑后，觉得甘律之是为她着想。这确实是自己重返黄梅戏舞台的一个绝好机会，他人诚心专程来请，我若不去，情何以堪？于是表示同意。然而，此一走，也就意味着家庭将被拆散，她和丈夫就此分离。家庭和事业，只能二选一，何去何从？必须抉择，她的内心激烈地挣扎着。最终，严凤英含泪抛却了个人情感！

　　1951 年，严凤英回到阔别已久的安庆，开始了她真正的黄梅戏演员生涯，此后蜚声剧坛，成为一代名家。

参考文献

[1] 白雁.寻找太平南路的"原创商家"[N].现代快报，2010-12-20.

[2] 白雁.94个老门牌重现民国太平路繁华[N].现代快报，2012-02-13.

[3] 曹燕.民国时期南京餐饮业研究[D].南京：南京师范大学，2008.

[4] 常任侠.战云纪事[M].郭淑芬，沈宁，整理.深圳：海天出版社，1999.

[5] 陈方正.陈克文日记：1937—1952[M].北京：社会科学文献出版社，2014.

[6] 董尔智.董守义[J].民国档案，1985(2).

[7] 董鹏.民国 味·道[M].北京：中国财富出版社，2013.

[8] 洪惟杰.戈公振年谱[M].南京：江苏人民出版社，1990.

[9] 俞允尧.秦淮古今大观[M].上海：上海世界图书出版公司，2010.

[10] 李伶伶.程砚秋全传[M].北京：中国青年出版社，2007.

[11] 梁启超，胡适，等.河山漫记[M].朱丹，编.北京：首都经济贸易大学出版社，2015.

[12] 刘永龙，苏从林.民国旧报集萃[M].北京：国际文化出版公司，1994.

[13] 马麟，杨英.甘熙宅第史话[M].南京：南京出版社，2008.

[14] （民国）南京市市政府秘书处.新南京[M].南京：南京出版社，2013.

[15] 邵元冲.邵元冲日记（1924-1936年）[M].王仰清，许映潮，标注.上海：上海人民出版社，1990.

[16] 宋炳辉.徐志摩传[M].上海：复旦大学出版社，2011.

[17] （民国）书报简讯社.南京概况（秘密）[M].周维林，卢海鸣，点校.南京：南京出版社，2011.

[18] 王再新.赵寿山将军南京脱险记[J].王希平，整理.炎黄春秋，2016（10）.

[19] 王昭建.记刘子衡反对内战斡旋和平数事[M]//中国人民政治协商会议山东省委员会文史资料委员会，编.山东文史资料选辑（29），济南：山东人民出版社，1990.

[20] 王正儒.马福祥[M].北京：人民日报出版社，2012.

[21] 西尔枭.民国第一杀手："斧头帮"帮主王亚樵传［M］.北京：文化艺术出版社，2009.

[22] 谢国桢.瓜蒂庵小品［M］.姜纬堂，选编.北京：北京出版社，1998.

[23] 邢定康.守望南京：民国旅游寻寻觅觅［M］.南京：南京出版社，2014.

[24] 杨心佛.金陵十记：上、下［M］.苏州：古吴轩出版社，2003.

[25] 余斌.姚颖与《京话》［J］.新文学史料，2011（4）.

[26] 俞王毛.《京话》作者"姚颖"身份考辨［J］.现代中文学刊，2013（4）.

[27] 张智峰.民国时期太平路门牌号码［J］.南京史志，2019（1）.

[28] 周松芳.民国味道：岭南饮食的黄金时代［M］.广州：南方日报出版社，2013.

[29] 周松芳."食在广州"的南京往事（上）：定都南京与粤菜勃兴［J］.同舟共进，2021（1）.

[30] 周伟，常晶.周璇传［M］.北京：中国时代经济出版社，2007.

图书在版编目（CIP）数据

太平南路 305 号的变迁 : 从安乐酒店到江苏饭店 /
朱银生 , 嵇冲主编 . -- 南京 : 南京大学出版社 , 2024.
7. --ISBN 978-7-305-28302-4

Ⅰ . K295.31

中国国家版本馆 CIP 数据核字第 2024AC5546 号

出版发行　南京大学出版社
社　　址　南京市汉口路 22 号　　　　　邮　编　　210093

TAIPING NANLU 305 HAO DE BIANQIAN——CONG ANLE JIUDIAN DAO JIANGSU FANDIAN
书　　名　**太平南路305号的变迁——从安乐酒店到江苏饭店**
主　　编　朱银生　嵇　冲
责任编辑　荣卫红　　　　　　　　　编辑热线　025-83685720

照　　排　南京斑点艺术品设计制作有限公司
印　　刷　徐州绪权印刷有限公司
开　　本　787mm×1092mm　1/16开　印张 11.25　字数 208 千
版　　次　2024 年 7 月第 1 版
印　　次　2024 年 7 月第 1 次印刷
ISBN　978 - 7 - 305 - 28302 - 4
定　　价　60.00 元

网址:http://www.njupco.com
官方微博:http://weibo.com/njupco
官方微信号：njupress
销售咨询热线：（025）83594756